廖從雲著

中國歷代縣制考

張其昀敬題

徐序

國父手訂建國大綱，規定縣為地方自治之基本單位。我國憲法，亦定縣為地方制度之最後層級。一般人民則以縣長為親民之官，視之如父母。由此可知縣在國家行政組織及人民心理上之地位，至為重要。

國家行政以及各級政府之重大措施，在縣以上多屬樹立宏規，藎籌策劃，而眞能躬行實踐，惠澤及民者，厥在縣政。故縣制之健全與否，實深切影響於施政效果與行政效率，舉凡轄境之劃分，組織之系統，權責之分配，以及人事之臧否，無不與之息息相關。如措施得當，則政通人和，下情上達，政府一切重大政策之推行，均可如身之使臂，臂之使指，貫徹實施，圓滿達成，而收事半功倍之宏效。否則，縱有良法美制，而不能行，所謂更張與興革之事，徒資紛擾而已。

廖君從雲，研究縣政之建設，於茲多年，廣蒐古今典籍，悉心鑽研，考其源流，探其史實，因舉歷代縣制之沿革，明其系統，析其特點，幷較其利弊得失，以成此書，不僅可為關心此一問題者之研究參考，更可為政府改進縣制，促進行政之借鑑，余得先讀為快，且喜其用力之勤，而樂為之序。

徐慶鐘序於台北

中華民國五十七年民族復興節

戴序

我國縣制溯源甚古，遠自西周春秋之世，已有縣之名稱見於載籍，至秦始皇統一宇內，採行郡縣之制，始正式成為地方政制之礎石，後此雖代有更迭，類多相為因襲損益，諸如縣數之增減；轄境之大小，組織之繁簡，權責之輕重，令尹之登庸，品秩之尊卑等，雖代有不同，要皆因應一時之需要，就已有之成規，遞邅變易，軌跡分明，至近世始由消極之牧民政治轉為積極之地方建設，故縣制之規模，視前益宏，事務之繁複，視前亦益甚，然其立制之基本精神，及其在國家政制上地位之重要，則猶與古相侔，是以 國父手訂建國大綱，以縣為地方自治之單位，蓋有見於此也。

余曩日曾膺民社，躬親踐行，體認至深，蓋一切施維，無不與人民之福祉相關聯，所謂善政養民，正所以使民得各遂其生，各安其生，各樂其生也。嘗見鄭板橋題所畫竹詩云：「衙齋臥聽蕭蕭竹，疑是民間疾苦聲，些小吾曹州縣吏，一枝一葉總關情。」非賢令尹不能道也。故凡留心政事者莫不自縣政始，欲求國家臻於盛治者，亦應自縣政始。

廖君從雲，從政多年，平居沉潛好學，公餘常以一卷自隨，近撰「縣政建設現代化芻議」一文，喜其閎博有識，且多創見，比閱茲編，乃知淵源有自，所謂鑑諸往而知來者，誠不誣也。今歲廖君以其母氏劉太夫人九秩華誕，恪遵母訓，不欲多所鋪張，踵事增華，乃決以書獻壽，其心可嘉，其事可喜，爰弁數言，以為世之事親者勸，是為序。

戴仲玉　序於新店閬園

中華民國五十七年文化復興節

自序

先君子春普公歷宦閩粵，迭任繁劇，而勤政愛民，廉隅自守，以是所至有政聲，每遷轉，邑民輒設香案，懸明鏡，供淸水，遮道相送，至十數里不忍去，蓋其平日爲政，能兼養民、保民、育民而一之，故民視之如父母，追慕景仰及於久遠也。余三歲而孤，甫能言，母氏卽親自課讀，蓋以一身而兼嚴父慈母良師矣。恒抱余置膝上教之識字，稍長隨諸兄習詩書，督教益嚴，倦則娓娓爲道先君子親民善政事蹟，鉅細靡遺，實兼仁智勇嚴而有之，誠一介書生之所難，聞之令人心凝神懾，而孺慕仰佩之心，輒難自已，且漸知縣官位非崇隆，而其對國家民社之貢獻則至深遠也。及長，每涉獵書史，於歷代縣制及賢令尹之事蹟，特多留心，隨手摘錄，久而盈帙，比閱自明鄭先生書，知欲撰縣政論，而以時局不安，播遷流離未果成，其於歷代縣制遺規，蒐集頗丰，心喜之，取益尤多。今歲欣逢家慈九秩萱慶，余擬以書爲壽，藉博高堂一粲，爰就所集有關歷代縣制之資料，爬梳羅剔，愼予取捨，詳加考定，纂輯成書，述而不作，實深愧於前賢，錄而備忘，或有助於鑑往知來也，是爲序。

三山任仁廖從雲序於臺北容廬

中華民國五十七年雙十節

中國歷代縣制考目錄

中國歷代縣制考

第一章 縣之起源

我國縣制始於何時，言人人殊，而一般學者多信其始於秦始皇，卽中小學歷史課本中，亦多列爲始皇之政而不之疑。日人那珂通世之支那通史論始皇之政章中引史記秦始皇本紀文有云：「丞相王綰等言，『燕齊地遠，不置王無以鎭之，請立諸子。』皇帝下其議，廷尉李斯曰：『周武王所封子弟同姓甚衆，後屬疏遠，相攻擊爲仇讎。今海內賴陛下神靈，一統爲郡縣……天下無異意，則安寧之術也。置諸侯不便！』皇帝曰：『廷尉議是！』以郡縣敷治，北帶治關內及二十七郡，中帶治六郡，後踰南嶺取南帶地，置三郡，凡三十六郡，郡置守尉監。……二十八年，皇帝東行郡縣。

觀此，殆以郡縣之制爲始皇平定六國後，懲封建之弊而始創者，其說固亦可信，而以史學名家之班固，去秦甚近，於其漢書地理志中亦云：「秦……幷兼四海，以爲周制微弱，終爲諸侯所喪，故不立尺土之封，分天下爲郡縣；盪滅前聖之苗裔，靡有孑遺者矣。」尤明言郡縣之制係由始皇所建立。惟郡縣二字，早見之於山海經，如南次二經云：「長右之山……有獸焉，其狀如禺而四耳，其名長右，其音如吟，見則郡縣大水。」又云：「堯光之山……有獸焉，其狀如人而彘鬣，其名猾褢……見則縣有大繇。」山海經相傳爲禹益所作，皆唐虞時人，是若可徵，則唐虞之世，已有郡縣矣。又淮南子汜論篇云：「夏桀殷紂之盛也，人跡所至，舟車所通，莫不爲郡縣。」則以夏商之世亦有郡縣，且其由來已久，夷考我國郡縣之制，言其始於唐虞，則文獻不足，信史難徵，言其始於秦世，則春秋初期，已有郡縣之制，雖信史斑斑可考，亦難視爲定論，茲依各家之說，其信而有徵者，約爲起於西周說；起於始皇說，始於春秋說三者，爰爲以次論之。

一、郡縣之制起於西周說

說者引逸周書作雒篇載：「制郊甸六百里，因西土爲方千里，分以百縣，縣有四郡，郡有四鄙。大縣立城方王城三之一，小縣立城方王城九之一，都鄙不過百室，以便野事。」是郡縣之制似於周公時卽已制定，且縣大於郡，惟其時之郡縣是否與後世之地方行政制度相類似，實堪存疑，且於西周之金文中，未見西周有縣之記載，而於東周金文記載中，雖有縣之記載，而無王畿有縣之資料，是皆未可以臆度得之。復據周禮地官司徒篇云：「縣正各掌其縣之政令、徵比，以頒田里，以分職事，掌其治訟，趨其稼事，而賞罰之。」此所謂「縣正」是否與後世之「縣令」相同？所謂縣，是否與後世之縣相同？視其職務，容或相同，惟未可據以論定。此外周禮中尙有所謂「縣師」者，職司徵斂地稅，是爲稅官，亦未可視爲後世之縣令。杜佑通典記職官縣令云：「周官有縣正，四百里爲縣，各掌其縣之政令，而賞罰之。」春秋時，列國相滅多以其地爲縣，則縣大而郡小，故傳云：「上大夫受縣，下大夫受郡。」周書作雒篇曰：「千里百縣，縣有四郡。」杜氏之書盡採周書、周禮之說，其後，鄭樵作通誌，馬端臨作文獻通考，在職官縣令上復盡錄杜氏之說，是皆以周禮所載，視爲縣之起源，易言之杜佑與鄭馬二氏，蓋主縣制始於西周之說也。後之學人，間有從之者，遂成一家之說。實則周書周禮所載，姑無論其書之眞僞如何？所記之事實有無存疑之處，即使所記屬實，亦當另有其意義，蓋於封建盛行之時，所謂郡縣當有別於後世之地方行政制度，充其量僅爲縣之雛形而已，實不足以言縣制之始。

二、郡縣之制起於秦始皇說

一般學者多認郡縣之制，始創於秦始皇平定六國統一宇內，建立帝國之時，舊史稱始皇二十六年，廢封建分天下爲三十六郡，遂據以認爲郡縣之起源，如陸機之五等諸侯論云：「五等之制，始於黃、唐；郡縣之治，創自秦、漢。」又如新唐書地理志云：「自秦變古，王制亡，始郡、縣天下。」又如强汝詢之漢州郡縣史制考云：「自秦始置郡縣。」文義尤爲明顯，是皆主郡縣之制起於始皇之說，主此說者載籍紛紜，不勝枚舉，而顧炎武以此說祖述班固，所論甚當，顧氏於其日知錄中有云：「漢書地理志言：『秦並兼四海，以爲周制微弱，終爲諸侯所喪，故不立尺土之封，分天下爲郡縣，盪滅前聖苗裔。靡有孑遺。』後之文人，祖述其說，以爲廢封建立郡縣，皆始皇之所爲也。」顧氏之言，蓋有感於學者之未加深考，而遽認郡縣之制起於始皇也。

三、郡縣之制起於春秋說

此說乃以信史爲立論之根據，最爲史家所公認。關於縣制起於春秋之資料，散見於史籍之記載者爲：

史記秦本紀秦武公十年（民元前二五九九年），伐邽冀戎初縣之。又十一年（民元前二五九八年）初縣杜、鄭。秦厲共公二十一年（民元前二三六七年），初縣頻陽。秦孝公十二年（民元前二二六一年），用商鞅變法幷諸小鄉聚，集爲大縣，四十一縣，縣置一令。秦惠文君十年（民元前二二三九年），魏納上郡十五縣。又十一年（民元前二二三八年），縣義渠。秦昭襄王二十二年（民元前二一九六年），蒙武伐齊，河東爲九縣。又三十二年（民元前二一八六年），魏入三縣請和。又五十一年（民元前二一六七年），攻趙，取二十餘縣。

史記晉世家晉頃公十二年（民元前二四二五年），晉之六卿欲弱公室，而分其邑爲十縣；卽左傳所稱，分祁氏之田，以爲七縣，分羊舌氏之田，以爲三縣是也。

史記楚世家楚惠王八年（民元前二三九二年）滅陳而縣之。楚懷王十八年（民元前二二二一年），靳尙爲解張儀之囚而說鄭袖，今將以上庸之地，六縣賂楚。

史記吳世家王餘祭三年（民元前二四五六年）齊相慶封犇吳，吳予慶封朱方之縣。

春秋左傳魯僖公三十三年（民元前二五三八年）晉襄公以再命命先茅之縣，賞胥臣。魯宣公十二年（民元前二五〇八年），鄭伯逆楚子之辭，有曰使改事君，夷於九縣，杜註謂楚滅九國以爲縣。又十五年（民元前二五〇五年）晉侯賞士伯以瓜衍之縣。魯成公六年（民元前二四九六年）韓獻子等諫武子曰成師以出而敗楚之二縣。魯襄公二十六年（民元前二四五八年）蔡聲子曰：晉人將與之縣以比叔向。又三十年（民元前二四五四年），絳縣人或年長矣。魯昭公三年（民元前二四五〇年），二宣子曰：晉之別縣不唯州。又五年）民元前二四四八年），薳啓疆曰：韓賦七邑皆成縣也；後曰，因其十家九縣，其餘四十縣。又十年（民元前二四四三年），叔向曰：陳人聽命而遂縣之。魯哀公十七年（民元前二三八九年），子穀曰彭仲爽申俘也，文王以爲令尹，實縣申、息。

晏子春秋有謂昔我先君桓公予管仲狐與穀，其縣十七。

說苑有謂景公令吏致千家之縣一於晏子。

戰國策有謂智過言於智伯曰：破趙則封二子者各萬家之縣一。

魯語有謂三鄉爲縣。

由此觀之，縣之起源，或爲諸侯強大者滅弱小者以爲縣，如楚之滅陳及九國而縣之是其實例；或爲集鄉聚邑以爲縣，如衞鞅之變法以小鄉邑爲縣，魯語以三鄉爲縣，即其實例。或爲分私家之田以爲縣，如晉之六卿分羊舌氏之田爲三縣，分祁氏之田爲七縣，即其實例。此時之縣官，有稱縣公者，如魯之申公子儀，息公子邊，商公子西，蔡公棄疾，葉公諸梁等皆爲縣公。有稱縣尹者，如魯之清尹弗忌，連尹屈蕩，囂尹午，陵尹喜，沈尹戌，武城尹吉等皆爲縣尹，縣公縣尹之設以楚爲最盛，蓋多滅人之國而縣之，乃設官而牧其民。此外亦有稱宰或大夫者，魯多曰宰，如子游爲武城宰，子羔爲費宰等是。晉多曰大夫，如趙衰爲原大夫，狐溱爲溫大夫等是，其名稱雖異，職權則同，要皆爲縣之行政長官也。

若就金文左傳國語史記等書所載有關縣制之資料尤爲詳贍，茲請分國敍述如次：

甲、楚　國

楚武王享國日久自春秋前十八年至魯莊公七年（公元前七四〇——六九〇）嘗滅權，左傳莊十八年追紀其事云：

「初、楚武王克權，使鬬緡尹之。以叛，圍而殺之，遷權於那處，使閻敖尹之。」

此一記載雖未明言滅權以爲縣，而設尹以治，與楚國後之縣尹實同，可爲建立權縣之證明，時爲春秋初期，而楚已有縣制，且滅人之國以爲縣，則其面積之大亦可知也。

楚文王時（前六八九——六七七）先後滅申、息、鄧諸國、左傳哀十七年記楚子穀之言曰：

「彭仲爽，申俘也，文王以爲令尹，實縣申息。」

可知楚滅人一國，即建立一縣，左傳莊三十年云：

楚公子元歸自伐鄭而處王宮，……秋，申公鬬班殺子元。」杜預註云：申、楚縣、楚僭號，縣尹皆稱公。此證以左傳二十年所載：

「費無極言於楚子曰：「奢（伍奢）之子材，若在吳必憂楚國，盍以免其父召之？……」王使召之曰，「來，吾免而父！」棠君尚謂其弟員曰，「爾適吳，我將歸死！」杜預註云：棠君，奢之長子尚也，爲棠邑大夫。稱大夫而曰君，實則與申公及縣尹無二，蓋君與尹本是一字，故公穀春秋經隱三年「尹氏卒」左氏傳作「君氏卒」。君與公又同屬見於經可通用，故楚辭惜往日中論晉文公云「文君寤而追求」，莊子外物篇論宋元公云「宋元君夜半而夢，（詳見日知錄卷二十三「稱王公爲君」條）今吾閩讀「君」與「公」猶爲同音，想古時本是一字也。

楚莊王十六年以陳有夏徵舒之亂率諸侯伐陳，左傳宣十一年記其事云：

「遂入陳……因縣陳。申叔時使於齊，反，復命而退。王使讓之曰：「……諸侯縣公皆慶寡人，女獨不慶寡人，何故？」對曰：「……諸侯之從也，曰討有罪也。今縣陳，貪其富也……」

以縣公與諸侯並列，則縣之地位可知，後一年，楚莊王又破鄭，左傳宣十二年記其事云：

鄭伯肉袒牽羊以逆，曰：「孤不天，不能事君……若惠顧前好……使改事君，夷於九縣，君之惠也……」杜預註云：楚滅九國以爲縣。陸德明經典釋文釋九縣曰：「九縣：莊十四年滅息，十六年滅鄧，僖五年滅弦，十二年滅黃，二十六年滅夔，文四年滅江，五年滅六滅蓼，十六年滅庸。傳稱「楚武王克權，使鬬緡尹之，又稱「文王縣申息」，此十一國不知何以言九？」

孔穎達左傳正義爲之解曰：楚滅諸國見於傳者，哀十七年稱文王縣申息，莊六年稱楚滅鄧，十八年稱武王克權，僖五年滅弦，十二年滅黃，二十六年滅夔，文四年滅江，五年滅六又滅蓼，十六年滅靡，凡十一國見於傳。僖二十八年傳曰：「漢陽諸姬，楚實盡之」，則楚之滅國多矣。言九縣者，申息定是其二，餘不知所謂，蘇氏沈氏以權是小國，庸先屬楚，自外爲九也。實則三九皆爲虛數言其多耳，初不必定爲九縣，觀乎「漢陽諸姬，楚實盡之」一語殆可信也。

楚共王六年（紀元前五八五年）楚兵伐鄭。左傳成六年紀其事云：

晉欒書救鄭……遂侵蔡。楚公子申以申息救蔡，禦諸桑隧。趙同趙括欲戰，請於武子（欒書），武王將許之。知莊子范文子韓獻子諫曰：「不可……成師以出而敗楚之二縣，何榮之有焉！若不能敗，爲辱已甚，不如還也……」乃遂還。

楚之申息二縣，其兵力足與一覇國戰，則楚縣之大而且廣可知矣。

左傳又追紀楚莊王十九年（前五九五）事：

楚圍宋之役，子重請取於申呂以爲賞田，王許之。申公巫臣曰：「不可！此申呂之所以邑也，是以爲賦，以御北方，若取之，是無申呂也，晉鄭必至於漢！」王乃止。

巫臣爲申之縣公，反對以其地爲大夫之食邑，可知楚之縣爲直隸於國君，略無封建之成分在內，殆已啓秦廢封建置郡縣之先聲矣。

左傳襄廿六年（前五四七，楚康王十三）云：

楚子秦人侵吳……遂侵鄭……穿封戌囚皇頡，公子圍與之爭之，正於伯州犂。伯州犂曰，「請問於囚！」乃立囚。伯州犂……上其手曰，「夫子爲王子圍，寡君之貴介弟也」；下其手曰，「此子爲穿封戌，方城外之縣尹也，誰獲子？」

縣尹一詞正式見於記載者始於此。

楚靈王七年（前五三四），又滅陳爲縣。左傳昭八年云：

楚公子棄帥師……滅陳……使穿封戌爲陳公。

昭十一年（前五三一）左傳記晉叔向之批評云：

楚王奉孫吳以討於陳，曰「將定而國」，陳人聽命而遂縣之。其年冬，靈王又滅蔡，左傳云：

冬十一月，楚王滅蔡……楚子城陳蔡不羹，使棄疾爲蔡公。

楚靈王十一年（前五三〇）閱兵於州來，謂其右尹子革云：「昔諸侯遠我而畏晉，今我大城陳蔡不羹，皆賦千乘……諸侯其畏我乎？」詞色甚傲，子革對曰：

「畏君王哉！是四國者專足畏也，又加之以楚，敢不畏君王哉！（左傳昭十二年。按「四國」國語楚語爲「三國」杜預註云：「四國二陳，二不羹。」（二不羹爲東西不羹）

楚之四國（四縣）皆賦千乘，其一縣之軍力已足與當時之次大國家相抗，若魯終春秋之世爲千乘之國故詩閟宮頌僖公云「公車千乘」左傳昭八年云「大蒐於紅，革車千乘」是楚之一縣足與大國比，强大可知也。

乙、秦　國

秦之有郡縣，爲時亦早，史記秦本紀云：

武公十年（前六八八），伐邽冀戎，初縣。

武公十一年（前六八七），初縣杜鄭。

秦武公十年當魯莊公六年，可見秦國至少於其時已有縣制，視楚國不相先後，凡滅人之國必縣之，與楚制相似。

國語晉語二云：「公子夷吾……退而私於公子摯曰：「……亡人苟入掃宗廟、定社稷，亡人何國之與有！君實有郡縣。且入河外列城五，豈謂君無有，亦爲君之東游津梁之上無有難急也。」觀此記載，則知當時秦不僅有縣，而且有郡，第不知郡縣數若干，其統屬之關係又如何耳。至秦孝公時，商鞅有所整建，史記秦本紀云：

十二年（前三五〇）……並諸小鄉聚，集爲大縣，縣一令，四十一縣。

惟商君列傳則云：「集小都鄉邑爲縣，置令丞，凡三十一縣。」

六國表亦云：「初取小邑爲三十一縣。」

三十與四十字異，未詳孰是。且不審爲新設之縣數，抑爲秦縣之總數，然是時已爲春秋後百餘年，不詳贅。

丙、晉國

晉之有縣亦早，而見之於記載者始於晉襄公元年（前六二七）左傳僖三十三年記晉師破白狄，大將郤缺獲白狄子，郤缺爲胥臣所荐，故曰：「反自箕，襄公以……再命以先茅之縣賞胥臣。」杜注：「先茅絕後，故取其縣以賞胥臣。」杜說如確，可知春秋初期先茅在世時晉已有縣。惟晉之縣係以之爲大夫之食邑，與秦楚之縣直屬於君主者有別。

晉景公六年（前五九四）晉將荀林父滅赤狄潞氏，荀林父前有罪時爲士伯奏免，故左傳宣十五年有云

晉侯賞桓子（荀林父）狄臣千室，亦賞士伯以瓜衍之縣。

晉厲公三年（前五七八），使呂相絕秦。左傳成十三年記其語云：「入我河縣，焚我箕郜。」

晉平公十一年（前五四七），蔡臣聲子對楚令尹子木云：

椒舉娶於申公子牟，子牟得戾而亡。君大夫謂椒舉「女實遣之」懼而奔鄭……今在晉矣，晉人將與之縣，以比叔向。（左傳襄廿六年）

以外國來奔之臣，而與之縣，其賞賜可謂厚矣。左傳昭三年（前三三九——晉平公十九）云：

初，州縣，欒豹之邑也。及欒氏亡，范宣子趙文子韓宣子皆欲之。文子曰：「溫，吾縣也！」二宣子曰：「自郤稱以別三傳矣。晉之別縣不唯州，誰獲治之？」文子病之，乃舍之……及文子爲政，趙獲曰：「可以取州矣！」文子曰：「退……余不能治余縣，又焉用州，其以徵禍也！」……豐氏故主韓氏，伯石之獲州也，韓宣子爲之請之，爲其復取之之故。

州縣原自溫縣分出，而溫屬趙家，州初屬郤家，後屬欒家，欒氏既亡，趙文子欲收州縣，而范韓二家不允，遂舍之。後鄭君至晉，公孫段（伯石）善相禮，韓宣子爲之請邑，乃享州縣。後四年（前五三五——晉平公二十三）公孫段逝世，左傳昭七年云：

子產爲豐施（公孫段子）歸州田於韓宣子，曰：「日君以夫公孫段爲能任其事而賜之州田，今無祿早世，不獲久享君德，女子弗敢有，不敢以聞於君，私致諸子！」……宣子受之，以告晉侯。晉侯以與宣子。宣子爲初言，病有之，以易原縣於樂大心。

樂大心爲宋大夫，原縣係受晉君之賜。韓宣子以嘗阻趙文子取州縣，今若收之，無以對趙文子，故受賜之後，卽以之與樂大心易原縣。溫原皆晉之大邑，而國君可以任意封賞，不僅賞予本國大夫，並可及於他國大夫，而受賞之大夫又可互相交換，於此可知晉君權力之下移蓋非偶然也。

左傳定八年（前五〇二，晉定公十年）記晉衞相爭，其事與溫原有關：

晉師將盟衞侯於鄟澤，趙簡子曰：「羣臣誰敢盟衞君者？」涉佗成何曰：「我能盟之！」衞人請執牛耳。

成何曰：「衞，吾溫原也，焉得視諸侯！」

觀此，可知溫原之富足以敵衞，猶如楚靈王時之陳蔡二縣，無怪乎晉臣之驕盈若是也。楚有申呂，蓋「是以爲賦，以御北方」者，溫原二縣處於晉南（溫在今之河南溫縣，原爲今河南濟源縣）蓋亦「是以爲賦，以御南方」者，其在國防上之地位，可比之於楚之申呂，倘無溫原，則太行以北，皆楚音矣。

左傳僖二十五年（前六三五，晉文公二年）記晉文公平王子帶之亂，迎襄王入於王城之後：

戊午，晉侯朝王，王饗醴，命之宥。請隧，弗許，曰：「王章也……未有伐德而有二王，亦叔父之所惡也！」與之陽樊，溫、原、欑、茅之田，晉於是始啓南陽（杜註「在晉山南河北，故曰南陽」適與陰地相反）……趙衰爲原大夫，狐溱爲溫大夫……晉侯問原守於寺人勃鞮，對曰：「昔趙衰以壺飧從徑，餒而弗食」，故使處原。

周襄王重體面而輕土地，惟晉文公隨亦轉賜趙衰狐溱，可知晉受周主所賞之田，多立爲縣，並置大夫，縣守以管領之，若此，則左傳閔元年（前六六一，晉獻公十六年）所記：「晉侯作二軍，公將上軍，太子申生將下軍，趙夙御戎，畢萬爲右，以滅耿，滅霍，滅魏。還……賜趙夙耿，賜畢萬魏，以爲大夫。是皆滅人之國而縣之，亦晉有縣制之始，史而可徵，則晉之有縣，爲時亦早。

晉有縣若干？左傳中亦有資料可稽。晉平公二十一年（前五三七）晉侯嫁女於楚，楚靈王甚驕暴，欲刖晉之上卿韓起以爲閽者，宮上大夫羊舌肸以爲司宮，以辱晉，斯二人皆晉之大族，楚大夫薳啓彊力諫靈王，不可造次，左傳昭五年記其言曰：「韓賦七邑，皆成縣也。羊舌四族，皆彊家也。晉人若喪韓起楊肸，五卿八大夫輔韓須楊石，因其十家九縣，長轂九百，其餘四十縣，遺守四千，奮其武怒以報其大恥，其蔑不濟矣！」韓起一族七家，每家一邑皆爲成縣（大縣），羊舌肸（叔向）一族四家，共佔二縣……實爲十一家九縣（左傳言十家者求文句之整齊舉其成數耳）此九縣各有長轂（兵車）百乘，卽爲九百乘。益以其他四十縣，又有兵車四千乘，倘使韓起羊舌受楚刑辱，則晉必傾師報復，勢不可侮。故依薳啓彊之言，可知晉有大縣四十九，各擁兵車百乘，每一世家大族可有數縣食邑，而小縣究有若干（卽所謂別縣）尚不可知。

晉頃公十二年（前五一四），殺祁盈及楊食我，滅祁氏與羊舌氏二族，左傳昭二十八年記其事云：

秋，晉韓宣子卒，魏獻子爲政，分祁氏之田以爲七縣，分羊舌氏之田以爲三縣。司馬彌牟爲鄔大夫，賈辛爲祁大夫，司馬烏爲平陵大夫，魏戊爲梗陽大夫，知徐吾爲塗水大夫，韓固爲馬首大夫，孟丙爲盂大夫，樂霄爲銅鞮大夫，趙朝爲平陽大夫，僚安爲楊氏大夫。謂賈辛司馬烏，爲有力於王室，故舉之。謂知徐吾、趙朝、韓固、魏戊、餘子之不失職，能守業者也。其四人者（司馬彌牟、孟丙、樂霄、僚安），皆受縣而後見於魏子，以賢舉也。魏子謂成鱄：「吾與戊也縣，人其以我爲黨乎？」對曰：「……昔武王克商……其兄弟之國者十有五人，姬姓之國者四十八，

皆舉親也……唯善所在……」

魏獻子當國，其冊命縣大夫，其意義猶武王時之封國，封建色彩極爲濃厚，而能舉有力於王室者，不失職而能守業者，均不失舉賢任能之意也。據此記載，見晉之縣名十，杜預云：鄔、祁、平陵、梗陽、塗水、馬首、孟等七縣係分自祁氏之田，銅鞮、平陽、楊氏、等三縣爲分自羊舌氏之田，初羊舌氏之田原分爲二縣，此時則爲三縣，足見縣之轄區有逐漸縮小之趨勢，此蓋便於分封有功於王室者而爲之措施也。

晉定公十九年（前四九三），趙鞅圍范中行氏，鄭軍爲齊人轉運糧餉予晉之亡臣范氏，趙鞅率師與鄭軍戰於鐵地，左傳哀二年記其誓師詞云：

「克敵者，上大夫受縣，下大夫受郡，士田十萬。」

於此知晉國不僅有縣制，並有郡制，惟郡之地位，稍次於縣，是與逸周書作雒篇中所云：「千里——百縣，縣有四郡」可證春秋時之以縣轄郡與戰國時之以郡轄縣適成相反，原因何在？後當及之。

戰國策記趙襄子四年（前四五四），知過勸知伯破趙之後，宣封韓魏各臣以固其心。趙策一云：

知過曰：「魏宣子之謀臣曰趙葭，韓康子之謀臣曰段規，是皆能移其君之計。君其與二君約，破

趙則封二子者各萬家之縣一，如是則二主之心可不變而君得其所欲矣。知伯前嘗請地於韓魏，韓魏各「致萬家之邑一於知伯」，可知當時「邑」與「縣」似亦可通稱，而一縣至於萬家之多，亦云庶矣。

丁、齊國

管仲相齊桓公（前六八五——六四三），國以大治，嘗建都鄙之制，其第二級即爲縣，齊語云：

制鄙三十家爲邑，邑有司；十邑爲卒，卒有卒帥；十卒爲鄉，鄉有鄉帥；三鄉爲縣，縣有縣帥；十縣爲屬，屬有大夫。五屬故立五大夫，各使治一屬焉；立五正，公使聽一屬焉。是故正之政所屬，牧正聽縣，下政聽鄉……五屬大夫於是退而修屬，屬退而修縣，縣退而修鄉，鄉退而修卒，卒退而修邑，邑退而修家，是故匹夫有善，可得而舉也，匹夫有不善，可得而誅也。

其建制之縝密完整可想而知，而一縣有九千家，是與「萬家之縣」相去無幾。齊共有五屬，即五十縣，惟據金文所載則又不然。

齊侯鍾爲齊靈公（前五八一——五五四）時叔夷所作，其銘云：

公曰：「夷……女肇敏於戎功，余錫女釐都，𦸗𠛱其縣三百。余命女嗣辞釐邑，造國徒四千，爲女敵寮……」

孫詒讓古籀拾遺卷上云：

釐都蓋齊之大都（「釐」，疑即「萊」，故萊國……「來」「釐」古音同，經典爲通用）。叔及蓋爲釐大夫，故以其屬縣爲釆邑。下文亦云「司治釐邑」又云「錫釐僕二百又五十家」，並其證也。「脊劆……蓋釐都所屬縣名……「敵寮」者，猶言徒屬。

以屬縣爲釆邑，與晉制適同，所可怪者，齊靈公一賞叔夷至於「其縣三百」，何其厚也，而三百縣似又屬於釐都，徵諸齊語中所舉管子之制，則一縣有邑三百，究係一縣轄三百邑，抑一邑轄三百縣，實可懸疑，如以齊侯鍾銘爲可信，則是「縣」「邑」二字可以通用，而齊之縣鄙制度，所分極細，故一大縣可有三百小邑，亦屬事理之常，故論語憲問云：

問管仲，曰：「人也，奪伯氏駢邑三百，飯蔬食，沒齒無怨言」。

所謂邑三百當爲三百小邑（何晏論語集解引僞孔論語註云：「伯氏食邑三百家」，以金文證之，疑非）。蓋三百小邑同隸於駢邑一大名之下，猶如三百縣同隸於釐邑一大名之下相合。故子仲姜寶鎛銘亦云：

𩰫叔又成大於齊邦，侯氏（齊侯）錫之邑二百又九十又九邑，與鄩之氏人都圖（鄙）。侯氏從誥之曰「枼萬至於解（予）孫子，勿或俞（渝）改」。

管仲奪邑三百，𩰫叔受邑二百九十九邑，度其邑當甚小，論語公冶長云：

子曰：「十室之邑必有忠信如丘者焉，不如丘之好學也」。使一邑僅十家，則三百邑數祗三千家則不爲多。又左傳成十七年云：「施氏之宰有百室之邑」。如每邑平均得百家，則三百邑則有三萬家矣，依晏子春秋所記則齊之縣亦有大者，如：「景公爲晏子曰：「昔先君桓公予管仲狐與穀，其縣十七，著之於帛，申之以策，通之諸侯，以爲其子孫賞邑」。管仲相齊而覇諸侯，其功一時無兩，而其封縣不過十七，如非賞薄，則其爲大縣可知也，又說苑臣術篇云：

晏子方食，君之使者至，分食而食之，晏子不飽。使者返，言之景公，景公曰：「嘻！夫子之家若是其貧也……」令吏致千家之縣一於晏子。

晏子爲景公時重臣，而僅得封縣一，雖一縣千家，較之晉國「萬家之縣」則相去甚遠，惟較之十室之邑」與「百室之邑」則又不失其爲大縣也。

齊之縣與晉同，均供封建有功王室之重臣，惟齊之縣制劃分瑣細，是否便於控制未可定言，而其尚未脫離鄉鄙制度之規模則甚明也。

戊、吳國

吳通於上國，因倣其制，而有郡縣。左傳襄二十八年（前五四五）記齊慶封奔吳，但云：「吳句餘予之朱方」而已。史記吳世家則云

王餘祭三年，齊相慶封有罪，自齊來奔吳，吳予慶封朱方之縣，以爲奉邑……富於在齊。

司馬遷記其事當有所據，則是時吳已有縣制，朱方其一耳。且以封之外臣，本國重臣當無論矣。而一縣之封，富於在齊，則其縣之區域不小，民物豐庶蓋可知也。史記仲尼弟子列傳記吳魯與齊戰於艾陵之役（前四八四），子貢說吳王夫差救魯伐齊，於是吳王乃遂發九郡兵伐齊。

當時吳之郡制大小不可考，如依「縣有四郡」之言推之，則郡小於縣，九郡之兵僅兩縣有餘，何

足以破齊師，如非其郡較大，則九當爲虛數，蓋言發各郡兵伐齊耳。

上所舉敍，見諸信史，可知先秦之世，列國不僅已有縣之設置，且已置有縣官以專其事矣。顧炎武日知錄云：「史記秦本紀武公十年，伐邽冀戎，初縣之。十一年，初縣杜、鄭。吳世家王餘祭三年，予慶封朱方之縣。則當春秋之世，滅人之國者，固已爲縣矣……吳起爲西河守，馮亭爲上黨守，李伯爲代郡守，西門豹爲鄴令，荀況爲蘭陵令，衞有蒲守，韓有南陽假守，魏有安邑令。蘇代曰請以三萬戶之都封太守，千戶封縣令，而齊威王朝諸縣令長七十二人。則六國之未入於秦而固已先爲守令長矣。故史言樂毅下齊七十餘城，皆爲郡縣。而齊湣王遺楚懷王書曰：「四國爭事秦，則楚爲郡縣矣。」張儀說燕昭王曰：「今時趙之於秦猶郡縣也。」安得謂至始皇而始罷侯置守耶？……而謂罷侯置守之始於秦，則儒生不通古今之見也。顧氏之論甚當，蓋主郡縣之制始於春秋之世也。有清一代學宗梁啓超亦主此說，其於中國專制政治進化史論中云：「郡縣非自始皇始也。史記秦武公十年，伐邽冀戎初縣之……是郡縣之興，已數百年矣。而常與國邑相錯處。蓋春秋戰國時，實封建與郡縣過渡時代，而中國數千年來，政治界變動最劇之秋也。」所論尤爲深切著明。

縣制始於春秋之說，以其見諸信史、斑斑可考、故爲學者所承認，其早期蓋始於秦武公十年伐邽冀戎而縣之，時當周莊王九年，民元前二千五百九十九年，先於始皇四百六十七年矣。且春秋之世，善兼人國者莫如晉楚齊秦，晉北楚南，齊東秦西，各自發展，開拓疆土，滅人之國而縣之，以便統治，蓋亦隨政治環境之需要而創立縣制，實亦鄉鄙之擴大耳。故秦楚之縣最大，以其大都爲小國所改，晉縣次之，大致爲都邑所改，齊縣最小，則爲改自鄉鄙也。當時之縣有直隸於君主者，如楚秦之縣是，有如卿大夫之封邑，如晉齊吳之縣是，二者實爲不同之制度，亦爲公室興亡之所繫。至於次要國家如衞、宋、鄭等，則因領土不廣，仍存鄉鄙之制，而無郡縣之設。

綜上所述，於我國縣制之起源，殆以始於春秋之說爲允當，因西周之時雖已有縣之雛形，而史多缺失，王畿之外，是否有縣，其內容如何，均無可考，故縣制始於西周之說，史不足徵，惟有存疑而待，未敢據爲定論，至於始於始皇之說，則爲時未免已遲，方之始於春秋之說，其立論甚難成立，惟郡縣之制至始皇而普遍施行，則亦不易之事實，而春秋時之縣，雖已形成爲地方行政制度，而與國邑相錯處，自與當時裂土分封之制度不同，縣官只有守土之責，而無專土之權，封建諸侯則反是，此則與始皇時之縣制又復不同，是以夷考我國縣制起源，可曰西周之世爲縣之雛形時期，春秋戰國之世爲縣之發展時期，秦始皇之世爲縣之長成時期，實爲允當之論也。

第二章　秦漢之縣政制度

縣制始於春秋，而成於秦，前已言之，惟自春秋有縣以來，地方政制，漸有更迭，至戰國時卽已有縣令長之稱，然於縣制之組織，因史籍少有記載，無從深究，秦一天下，遂盡廢封建爲郡縣，於是地方行政制度，始行畫一，故言縣制者，每自秦始。

秦雖統一天下，然享國日淺，自始皇二十六年統一至二世之亡，爲時僅十五年，故其所規劃之一切政策，未能一一見之於實行。漢承其緒，始多樹立，且秦之政策，史不多見，欲詳其事例，殊非易易，玆略舉其梗概於次：

一、秦之劃一郡縣制

秦之縣制，轄萬戶以上者置縣令，萬戶以下者置縣長，各副之以縣丞而掌民政，設尉以掌軍事。縣令長均由皇帝直接任命，歲須以政務奏聞。縣之上有郡，郡設守、尉、監，以統治監察各縣，初、秦分天下爲三十六郡，後以拓地漸廣，及於東南，遂增爲四十郡。秦縣之可考者約三百餘縣。

縣之下有亭長，鄉三老，嗇夫，游徼等鄉官，三老掌教化，嗇夫司聽訟收賦稅，游徼循禁盜賊，鄉官職位雖卑，而權責分明，入漢以後，猶循其制而致盛治。

秦於畫一郡縣之制，肇其始，而未竟其功，以是史多闕略，難窺其詳，漢承其緒，雖自有建制，多襲其舊，故詳論漢制，於秦制可以知過半矣。

二、漢之縣制

漢因秦制，以萬戶以上者爲大縣，置令。萬戶以下者爲小縣，置長，此係以戶口之多寡分縣爲二等。後漢分縣爲三等，大縣置令秩千石，次縣置長秩四百石，小縣置長秩三百石，此則以縣官祿俸之秩次爲標準者。或有縣戶數百而置令，或縣戶數萬而置長，或有不足萬戶而爲公主食邑者亦置令，此非常例，各有其因，要皆視縣戶之多寡，以別縣之大小。大縣置令，小縣置長，爲其常規。

漢懲秦之廢封建，無以羽翼宗邦，故速其敗亡，因於縣制之外，復以分封列侯，其縣曰國，皇太后、公主所食者曰邑，設於蠻夷之區者曰道。所謂國、邑、道，其名雖別於縣，實皆爲縣，無以異也。縣之區域，大率方百里，其民稠則減，稀則曠，漢之有縣、國、邑、道，凡千五百八十七。漢書百官表詳其數如此。茲請就漢制縣之組織及其官吏職掌，行政系統與特徵等，分述於后：

甲、漢縣之組織及其官吏職掌——漢縣多因秦制，以令長爲縣之長官，下設縣丞、縣尉，是爲長吏，丞尉以下尚有斗食佐吏，是爲少吏，縣吏員額之多寡，視縣之大小略有差異。其職司如左：

㈠縣令，縣、邑、道各有差等，大者置令一人，小者置長一人，國則置相一人，令、長、相，名雖不同，其爲縣之長官則一。縣令爲親民之官，後漢書百官志載：「皆掌治民，顯善、勸義、禁姦、罰惡、理訟、平賊，恤民時務，秋冬集課，上計於所屬郡國。」蓋其一般職掌，實包管教養衛之事而無遺。縣令有生殺之權，如朱雲爲槐里令，殘酷殺不辜，瑯琊海曲呂母有子爲縣吏，犯小過，宰論殺之。縣令之有才器者，長官可使之兼領數縣，甚至有兼領郡職者，如王尊遷虢令，守槐里，兼行美陽令事，滕撫爲涿令，有文武才，太守以其能，委任郡職，兼領六縣，戰亂之時，縣令有守土責，如萬修爲信都令，與太守他官，都尉李忠共守城，此則非常時縣令之特殊職權也。

漢代縣令選材綦嚴，類多識驗豐碩品學雋博者，有由曾任中央官吏爲令者，如朱雲爲博士，遷杜陵令，爲槐里令，朱博爲大將王鳳幕府，王鳳舉之爲櫟陽令；庾尙拜郎中，除上虞長，遷又安令；蘇章爲議郎，出爲武原令；卓茂爲侍郎給事黃門，遷爲密令；陽球補尙書侍郎，出爲高唐令；杜詩爲侍御史，拜成皐令；華歆爲尙書郎，求出爲下邽令，卽其例也。有由曾任州郡縣吏而爲令者，如滕撫初仕州郡，稍遷爲涿令；閻溫以涼州別駕，守上邽令，胡質先仕州郡，後召爲頓丘令；尹賞以郡吏察廉，爲棲煩令，王訢以郡縣吏積功，稍遷爲被陽令，黃昌仕郡爲決曹，拜宛令；張況爲郡吏謁見光武，命其爲元氏令；馬成少爲縣吏，後爲郟令，卽其實例。有由曾任高級武職爲令者，如劉備爲高唐尉，遷爲令；曹操除洛陽北都尉，遷爲頓丘令；倉慈爲綏集都尉，後爲長安令；卽其實例。有由荐舉有才學者爲令長，如黃禹舉賢良爲河南令；劉輔舉孝廉爲襄賁令，郎顗在安帝時徵之對策爲諸儒表，後拜爲吳令，陵康舉茂才除高成令；李雲初舉孝廉，再遷爲白馬令，巴肅初察孝廉，歷愼令，貝丘長；賈彪舉孝廉，補新息長；闞澤察孝廉，陳錢塘長，遷柳令；卽其實例。有由左轉爲令者，如申屠剛爲尙書令，以數切諫失旨，數年出爲平陰令；郅惲遷爲長沙太守，後坐事左轉芒長；董宣累遷爲北海相，以多殺人，左轉宣懷令；即其實例。有由特殊情形，不次拔擢而爲令者，如卜式輸財，上奇其言，欲試使治民，遂拜式爲緱氏令；鄭弘獨詣闕上書，爲太守焦貺訟罪，因諸生故人咸懼相連，而弘獨不懼，由是顯名，拜爲騶令；鮑昱因太守戴涉聞其有智略，乃謁請守高都長，復爲泚陽令；虞詡因朝歌賊寧季等數千人，攻殺長吏，屯聚連年，州郡不能禁，乃以詡爲朝歌長；孫權因孫策既定諸郡，時權年十五，即以爲陽羡長，即其實例。

漢代縣令長之出身，既極紛雜，而其升遷，但有治績，輒極優厚。有遷爲中央官吏者，如平當爲順陽長，栒邑令，後遷爲丞司直，劉輔爲襄賁令，上美其材，擢升爲諫大夫；薛宣爲長安令，治果有名，以明習文法，詔補御史中丞；鍾離意遷堂邑令，顯宗即位，徵爲尙書；周榮自郾令，擢升爲尙書令，王渙爲溫令，徵拜爲侍御史；鮑昱爲泚陽令，後拜爲司隸校尉；曹操遷頓丘令，徵拜爲議郎；諸葛誕爲滎陽令，入爲吏部郎；即其實例。有遷爲地方官吏者，如趙廣漢爲陽翟令，後遷爲京輔都尉，守京兆尹；何並爲長陵令，後漢爲隴西太守；朱博以高第入爲長安令，京師治理，遷爲冀州御史；魏相爲茂陵令，後遷爲河南太守；滕撫爲涿令，三公舉其有文武才，拜爲九江都尉，劉祐爲任城令，遷爲揚州刺史，即其實例。

西漢於地方官吏之有治績者，或不遷其位而增其秩者，有賜爵以榮之者，如宣帝三年春三月，膠東相成勞來不怠，流民自占八萬餘口，治有異等，成秩中二千石，賜關內侯；又如焦延壽爲小黃令，以候司先知姦邪，盜賊不得發，愛養吏民，化行縣中，舉最當遷，三老、官屬上書，願留焦，詔許

史。

之，增秩留任，卽其實例。

㈡縣丞，每縣一人，大縣有至三人者，丞爲命卿之一，掌署文書，典知倉獄。每逢歲末之時，至郡課校其功，其最者太守每於廷上勞之，其殿者則於後曹獨斥之，縣丞多以本郡人充任，有屬吏曰丞史。

㈢主簿，每縣一人，由令長自行調用，其職掌爲主錄衆事，省署文書。

㈣縣尉，大縣二人，小縣一人，亦爲命卿之一，職掌盜賊，凡有盜賊案發，主名不立，則推索行尋，案察姦宄，以起端緒，尉亦每歲歲終之時，至郡課校其功，其獎懲與縣丞同。多以本郡人爲之，有屬吏曰尉史，又有尉從佐。

㈤功曹，職掌選署功勞事。

㈥戶曹，職掌民戶、祠祀、農桑事。

㈦奏曹，職掌議事。

㈧辭曹，職掌辭訟事。

㈨法曹，職掌郵驛科程事。

㈩尉曹，職掌卒徒轉運事。

⑾賊曹，職掌盜賊事

⑿決曹，職掌罪法事。

㈢兵曹，職掌兵事。
㈣金曹，職掌貨幣、鹽、鐵事。
㈤倉曹，職掌倉穀事。
㈥廷掾，職掌署功曹及諸曹事。
㈦獄掾，獄掾、獄史、獄小吏皆掌獄囚事。
㈧門下掾，無專職，常居門下，故以爲號，蓋親近小吏也。
以上諸曹掾吏亦多以本郡人充之，惟三輔之縣則兼用他郡人。

乙、縣之行政系統　漢之地方行政制度，初因秦制，分爲郡縣二級，郡設守以統縣，景帝時，改郡守爲太守，是與秦制有異，蓋秦郡設監而漢郡則無也。與郡同級者又有王國，國設內史實爲其行政長官，後更令國相治其政，其職同於郡守。秦因周制置內史以治京師，與郡同級。漢景帝時分京師之地置左右內史，至武帝時復分之爲三，更名右內史爲京兆尹，左內史爲左馮翊，又以秦主爵中尉爲景帝所改之都尉更名爲右扶風，謂之三輔，爲京畿行政長官；東漢徙都洛陽置河南尹，所治如三輔，其職亦皆同於郡守。凡郡、王國、三輔皆有屬縣，名雖不同，而其爲縣之上級則一。

漢初、廢罷秦之監察御史遺制。景帝三年，遣御史監三輔郡，所察凡九條，監者二年一更，常以十月奏事，十二月還監。其後諸州復置監察御史。文帝十三年，以御史爲風憲之官，而不奉法，下失其職，乃遣丞相史出刺，並督察監察御史。武帝元封元年，御止不復監。元封五年，乃分天下爲十三部，即為十二州與地方司隸校尉部。部設刺史為監察長官，其所察者凡六條，問事以是為限，非條即不看。所察六條為：一、强宗豪右，田宅踰制，以强凌弱，以衆暴寡。二、二千石不奉詔書，遵承典制；背公向私，旁詔守利，侵漁百姓，聚斂為姦。三、二千石不恤疑獄，風厲殺人，怒則任刑，喜則任賞，煩擾刻暴，剝削黎元，為百姓所疾，山崩石裂，妖祥訛言。四、二千石選署不平，苟阿所愛，蔽賢寵頑。五、二千石子弟怙倚榮勢，請託所監。六、二千石違公下比，阿附豪强，通行貨賂，割損正令。所以興利除弊壓抑豪强立意至善。

刺史居部，九歲舉為守相。成帝綏和元年，何武與翟方進言春秋之義，用貴治賤，不以卑臨尊。今部刺史居牧伯之任，位在下大夫而二千石，輕重不相準，乃改為州牧，秩二千石，位次九卿，九卿缺以高第補。州牧之職，一如刺史，名更而職不更。哀帝建平二年，朱博奏請以漢家故事，置部刺史，秩卑而賞厚，咸勸功樂進。今州牧增秩二千石，位次九卿，恐功效凌夷，奸宄不勝。於是罷州牧，復置刺史。元壽二年，刺史復改為牧。後漢光武建武十八年，復為刺史，仍分為十三部。前漢刺史周行郡國，無適所治，至是所治始有定處。靈帝中平五年，刺史復改為州牧。是時天下大亂，豪傑各欲據有州郡，如劉焉、劉虞，並自九卿出領州牧，州牧之任，從此益重，蓋桓靈以前，州乃中央分治之組織，而非純粹之地方行政區域，刺史或州牧，原司監察而非地方行政長官。至東漢末年，州之長官，內親民政，復領兵馬，力足以自雄，遂使州成為有實權之地方行政區域。於是地方行政制度由郡縣二級制而變為州郡縣三級制，州牧亦由司監察而主行政，甚至州牧以子孫相傳，其權之大，形同王侯，實近於封建之國君，遂啓後之尾大不掉，擁兵割據之局。

秦漢兩代，縣以下有鄉吏制度，以佐縣而執其所事，其制縣下有鄉、亭、里、三級，鄉有三老，亭有亭長，里有里魁。此外尚有游徼，嗇夫，鄉佐等；邊遠之縣則設障塞尉，皆鄉吏也。其制美備，而人選亦謹嚴，若鄉之三老，常爲一方人望，才德兼備者，率皆由令舉民年五十以上，有修爲能帥衆以善者，使之掌教化而置之爲三老。故多能各舉其職，化行一方。顧炎武日知錄卷八嘗記之：

「漢世三老，命之以秩，而文帝之詔，俾之各率其意，以道民當：曰：「爲三老者，多忠信老成之士也。」上之人所以禮之者甚優，是以人知自好，而賢才亦往往出於其間。新城三老董公，遮說漢王爲義帝發喪，而遂以收天下。壺關三老茂，上書明虞太子之寃，史册炳然，爲萬世所稱道。」其選材既嚴，且得各率其意，以道民當，故深爲民衆所欽服，而有助於縣令之推行政務。他如嗇夫，亦復見重於人而能各盡其職，日知錄卷八鄉亭之職項記之曰：

「漢時嗇夫之卑，猶能得以自舉其職。故爰延爲外黃鄉嗇夫，仁化大行，民但聞嗇夫，不聞郡縣。（見後漢書卷七十八爰延傳）而朱邑自舒桐鄉嗇夫，官至大司農，病且死，屬其子曰：「我故爲桐鄉吏，其民愛我必葬我桐鄉，後世子孫奉嘗我，不如桐鄉民。」及死，其子葬之桐鄉西郭外，民共爲起冢，立祠，歲時祀祭，至今不絕。（見漢書循吏傳）二君者，皆其縣人。必易地而官，易民而治，豈其然哉？」漢時鄉吏，位卑而道尊，其見重於世，至於爲立傳、立祠，視諸親民之官如縣令者，何嘗多讓？蓋縣令每出自朝廷之任命，而三老、嗇夫，來自民間，其影響之深遠，固爲縣令所不及也。故亭林先生於漢時鄉亭制度之美備完善深致讚嘆，許爲後世所不能：

夫惟於一鄉之中，官之備而法之詳，然後天下之治，若綱之在綱，有條而不紊，至於今日，一切蕩然，無有存者。且守令之不足任也，而多設之監司，監司之又不足任也，而重立之牧伯。積尊繁重，以居乎其上，而下無與分其職者；雖得公廉勤幹之吏，猶不能以爲治，而況託之非人者乎？……唐柳宗元之言曰：『有里胥而後有縣大夫，有縣大夫而後有諸侯，有諸侯而後有方伯連帥，有方伯連帥而後有天子。』由此論之，則天下之治，始於里胥，終於天子，其灼然者矣。故自古及今，小官多者其世盛，大官多者其世衰。興亡之途，罔不由此。」治國之道，在乎得民，得民者，得民心也，而始於里胥，終乎天子之說，顧氏蓋深諳治道而概乎言之矣。

三、漢代縣制之特色

漢承有秦暴亂之局，建立大一統之帝國，所有文物典章，政治制度，或因襲前代遺制，或別有創建，要皆具有此一時代之特色，就其縣制而言，尤多足爲後世法者，試爲舉述如次：

㈠國縣並行——周代天子裂土分封於諸侯，以爲王室屏藩，是爲封建之制，秦一天下，乃普行郡縣制度，守土治民之事悉歸縣令長。漢既沿襲秦之遺制而設郡縣，復行大封同姓，白馬盟書，戮力王室，是則又爲封建制之制矣。故漢之縣制，其最大特色，卽爲國縣並行，國之有相，猶縣、道、邑之有令長，均爲守土治民之地方長官。

㈡確立縣制——秦以享國日淺，雖釐定縣制，而行之未久，天下大亂，秦楚之際，六國紛立其後，而封建制度又復盛行，及漢定天下，乃因秦制而完成之，由是縣制之組織精密，基礎穩固，是縣制始定於秦而成於漢，且足為後世法。後雖迭有更張，固難踰其規模。

㈢權責分明——縣令受命中樞，為一縣之主，下有丞尉雖為命卿，而職居輔貳，悉皆聽命縣令。故凡一縣之軍政、財政、民政，皆集權於縣令，指揮因應，略無掣肘之弊，上級州郡官吏，祇司監察而不干其政，是以權責分明，縣令各得自行其意，上官不能奪也。日知錄卷九云：「漢時令長，於太守雖稱為屬吏，然往往能自行其意，不為上官所奪。如蕭育為茂陵令，會課育第六，而漆令郭舜殿；見責問，育為之請，扶風怒曰：「君課第六，裁自脫，何暇欲為左右言？」及罷出，傳召茂陵令詣後曹，當以職事對，育徑出，曹書佐隨牽育。育按佩刀曰：「蕭育杜陵男子，何詣曹也？」遂趨出，欲去官。明旦詔召入，拜為司隸校尉。育過扶風府門，官屬掾吏數百人，拜謁車下。陶謙為舒令，太守張磐同郡先輩與謙父友，意殊親之，而謙恥為之屈。嘗舞屬謙，謙不為起，固強之乃舞。舞又不轉，磐曰：「不當轉耶？」謙曰：「不可轉，轉則勝人。」如此事在今日即同列所難堪，而昔人以行之上官。漢時令長之能自樹立，可見於此矣。」此事雖屬意氣瑣事，無關政務，然於此可以想見漢時縣令欲行其政，上官固難以其位高權重而肆行干擾，一縣之事悉決於令長，其於地方土豪猾吏，姦令亂法者，且有生殺之權，故如得賢令長，即可為民興利除弊造福地方也。

㈣監察嚴密——秦制縣以上設郡，郡設守監以督縣。漢初郡有守而無監，後始設刺史為監察之官，間曾改爲州牧，其職同於刺史。是以縣以上有州郡爲之監，縣令長雖權責分明，不受干擾，然必守法惟謹，不敢僭越，蓋郡守每於春行所主縣，視察政務，秋冬遣無害吏，案訊囚犯，平其罪法，論課殿最。監察之嚴，於此可知。

㈤組織完密——縣令以下，除丞尉主簿及諸曹掾吏外，當有衆鄉吏爲之佐，此輩多爲本邑人，於鄉土民情，素所深諳，故政令推行，無所罣碍，且因佐吏衆多，組織完密，政令之施，如身之使臂，臂之使指，上意既易下達於民間，下情亦易上達於縣官，是以政通人和，事不壅隔。故令長來自外方，而爲親民之官，覈其名實，組織使然也。

㈥令多才學——漢時縣令長之出身，或由中央高級官吏出任；或係得自郡縣吏之有奇才異能者，或爲賢才博學之士由荐舉而登進者，故多品望高尙，才學兼優之士，不僅出身淸貴，且於政治經驗，亦甚豐富，其來自民間者，固能深知民間疾苦，其來自中央者，則亦深明治道，識見閎遠，故縣令長之賢者，每能多所樹立，聲聞重於當世。

㈦任期久長——漢時對地方行政官吏，多假以時日，使其得有專志以理其政，而無五日京兆之心，且地方建設，政令敎化，均須有相當時間，以次推展，其欲化民成俗，亦必積漸而成，故縣令長之任期久長，實爲安定進步之主因，縣令既得從容其志，自能安於其位，而無因循苟且，敷衍搪塞之弊矣。

㈧信賞必罰——漢時縣令長之升遷至爲優渥，有升爲州郡長官者，有升爲中央官吏者，其治績優異者，每得不次之拔擢，甚而有可超擢至九卿者，榮寵所加，初不僅躋位貴顯已也。此外如以璽書飭獎，優爲勉勵者，有增秩賜金，或賜爵至關內侯而暫緩其升遷者，寵錫之隆，超於異代。而責罰之嚴，亦無可倖免，縣令長之有貪汚罪行者罰至重，贓至十金，卽科重罪，立法綦嚴，犯者不免，有漢一代縣令佐吏之以貪汚去職獲罪者，數見不鮮，然法嚴而罰必，自愛者固不願輕以身試法，是以人懷自勵之心，而政治澄清優良，政風之樹立亦有足稱。

綜觀上述漢代縣制可謂美備，其足爲後世法者甚多，及至後漢，朝政不綱，國家多故，良法美制，日就墮隳，漢末桓靈之世，天下大亂，賣官鬻爵，賄賂公行，斗筲之士，夤緣干進，縣令長多不得人，法制蕩然，喪亡繼之，可爲浩嘆。

第三章　魏晉南北朝之縣政制度

漢末三國鼎立，中原大勢，分合不常，割裂之局，亂多治少，自三國魏晉南北朝，以至隋統一之前，動亂亙三百餘年，更迭既多，政制彌繁，而史冊所記，繁簡不一，要皆循兩漢之遺制，蓋漢傳於魏，魏傳於晉，晉傳於南朝之宋、齊、梁、陳，其政制大都源於兩漢，縱有異同，亦其別流，唯北朝之北齊、後周，或採周禮之制以建官者，雖名似而實非，是與南朝迥然有別，而後之隋唐政制，則多承北朝之遺緒。縣制之遞嬗，亦復類此，茲就史料所得，撮要論列，以見其一斑。

一、魏晉南北朝之縣制

魏因漢制，大縣置令，小縣置長，蜀吳類是，晉承魏統，縣分大小二等，各置令長，然間亦分縣爲三等，則有大縣、次縣、小縣之差。南朝自宋至陳多如漢制，分縣爲大小二等，北朝之制，異於南朝，後魏大縣置令，中小縣置長，是有大、中、小三等之差。北齊則分縣爲上、中、下三等，而每等又別之爲三等，如上上縣、上中縣、上下縣，中上縣、中中縣、中下縣，下上縣、下中縣、下下縣、等九級，其繁可知，北周則以縣之戶數多寡定其等級而無九等之繁。

三國時期，戰亂既多，更相侵伐，國勢消長靡定，疆域亦多增減，故各國轄縣若干，殊難考定。晉於統一之後，轄縣凡一千一百有九；宋轄一千一百七十有九縣，齊共一千四百七十有四縣，梁擁一千二十有五縣，陳僅得四百三十有八縣。後魏得一千三百五十有二縣，北齊最小僅三百六十有五縣，北周共一千二十有四縣。茲就其縣之組織與官吏職掌，行政系統等，分述於後：

甲、縣之組織與官吏職掌——三國之縣，皆因漢制，大致置令或長一人以主其政，下有主簿、丞、尉各一人以爲之佐，此外尚有諸曹掾吏。此一時期，戰亂頻仍，各縣令長，多以能兵者主之，於休養生息之事少所留意，而縣令長在位之時亦多短促，實無暇於政事，是以縣政措施少有可言。

晉時大縣置令一人，次縣、小縣置長一人，職司一縣之民政、財政、軍政等事，晉制大縣令有治績，官報以大郡，不經宰縣，不得入爲台郎。晉無縣丞而有主簿，由令長自行調用而爲之佐。

南朝諸代未有主簿，縣丞之設，唯宋建康有一獄丞而已。縣尉則晉有之，大縣二人，次縣、小縣各一人，洛陽、建康置有六部尉，皆佐縣令長而掌兵事者。其餘縣吏，各有職司，如功曹掌選署功勞等事；戶曹掌戶口等事；法曹掌罪法科程事，賊曹掌巡捕盜賊事，兵曹掌兵器等事，金曹掌貨幣等事，倉曹掌倉穀事，獄小史掌獄囚事，又有廷掾，賊捕掾，門下書佐，小史書佐等。皆有所專司。據晉書百官志稱，戶不滿三百者，職吏十八人，散吏四人，三百戶以上者，職吏二十八人，散吏六人，五百戶以上者，職吏四十人，散吏八人；千戶以上，職吏五十三人，散吏十二人；千五百戶以上者，職吏六十八人，散吏十八人；三千戶以上者，職吏八十八人，散吏二十六人。各有等差。此外每縣設方略吏四人，農月皆隨所領戶多寡有差。散吏爲勸農是爲縣組織之大略，南朝之宋、齊、梁、陳，悉因晉制，要皆秉漢制之遺規，雖有所損益，相去亦不遠也。

後魏之制，其最異者則爲州有三刺史，郡有三太守，縣有三令長，三者中一爲皇室，二爲異姓，其制大縣置令三人，中、小縣置長三人。孝文初制縣令能靖一縣刼盜者，兼理二縣，卽食其祿；能靖二縣者，兼理三縣，三年遷爲郡守。二千石能靖二郡者，兼理至三郡祿亦如之。三年遷爲刺史。優獎之隆，超於異代，是縣令長治績之優者，六年卽可升爲刺史。太和中縣令，其祿甚厚，縣令長以六年爲限。其後令長用人流品益雜，但選勤舊令史爲之，而縉紳之流，恥居其位。後魏雖爲北朝之始，除一縣設三令長外，其他制度，多仿南朝，故其組織，仍多依漢制之遺。

北齊分縣爲九等之差，其制最繁，各等縣均置令一人以總其政，下置縣丞以爲之貳。凡縣均置有中正及三尉，又置光迎功曹、光迎主簿、功曹主簿錄事及西曹、金曹、戶曹、租曹、兵曹等掾，市長等員。其員額編制，上上縣官佐吏共五十四人；上中縣四十九人，上下縣四十四人；中上縣三十八人，中中縣三十三人，中下縣三十二人；下上縣三十一人，下中縣三十人，下下縣二十九人，各視等差，以定員吏之多寡。是爲一般縣之組織。至若鄴、臨漳、成安三縣，則稍有不同。三縣各置縣令，縣丞、中正，而尉各有所別；鄴領右部、南部、西部三尉，又領十行徑尉，凡一百三十五里，里置正，臨漳領左部，東部二尉，左部管九行徑途尉，凡一百一十四里，里置正；成安理後部，北部二尉，後部管十一行徑途尉，七十里，里置正。此外復設功曹主簿，門下督錄事主記室及功曹記室，戶曹掾、田曹掾、兵曹掾、騎曹掾、賊曹掾、法曹掾等以佐縣令而理其政。後魏用人濫雜，北齊猶因循之，至於士流恥居縣令之位。遂使賢能避讓，斗筲當事，政事之窳，不問可知。至武成帝時，元文遙奏請革之，乃密令搜揚世冑子弟，恐其辭訴，總召神武門宣旨慰諭而遣，自此縣令，始任士人。

北周之縣，皆置令以主其政，未聞有置長者，其佐吏悉同於北齊，令以下有丞、掾、主簿、及諸曹掾，各有所司，佐理縣政，其制置同，不復詳贅。

二、魏晉南北朝縣之行政系統

魏晉南北朝之地方行政系統，與漢末近似而略異，縣之上爲郡，郡之上爲州，唯州常爲軍區而非單純之行政區，蓋此一時期，數百年間，亂多治少，軍人當權，而民政、財政，亦悉歸軍人支配之下，於是州雖爲軍區，而亦成爲行政區域，故謂此一時期之地方行政制度，實爲州、郡、縣三級制，茲分述其梗概如次：

三國時，縣之上爲郡，郡設太守爲統縣之長官，郡之上爲州，設州牧以統郡縣，如諸葛亮領益州牧是其一例。然三國時之州官，於魏多稱刺史，蜀吳則多稱州牧。刺史恒兼領都督，治民而又掌兵，其有不掌兵者謂之單車刺史，凡單車刺史加督進一品，都督進二品，此爲魏制。於時魏有州十二，郡國六十有八。蜀有州二，郡二十有二。吳有州五，郡四十有三。唯因戰亂頻仍，互爭雄長，侵凌所至，疆宇靡定，此舉其大略而已。

晉行封建，亦如漢制，有封國，其地位同於郡，故縣之上有郡、有國、郡設太守，國設內史，其職司同於太守。河南郡爲京師所在地，其長官不曰太守而稱尹。太守、內史皆兼掌兵，多加將軍銜，無者咸引爲恥。時或太守、內史亦兼領都督之職。郡之上爲州，設刺史，任重者爲使持節都督，輕者爲持節，權重之都督，恒兼督數十州。刺史原掌民政，都督則掌軍政，政軍分治，是爲常制，惟因丁茲亂世用兵之秋，所以保境安民，貴於事權集中，是以常以刺史兼都督，以利政軍之配合與調度，第以武人權重，故雖名爲刺史兼都督，實皆以都督兼刺史，蓋有不領兵之刺史，絕無不治民之都督也。晉制刺史三年一入奏。南朝諸代，州郡之制，略同於魏晉，唯州之長官，宋齊以降，多以皇子出任各州都督刺史，其有年幼未能親政者，則以資優之親臣爲州別駕或長史，行刺史事以爲之輔。自是行事之權，大於刺史。晉有州二十，郡、國一百七十有三。東晉淪其故土之半，遺民南渡而有僑立州、郡、縣之稱，實則已非舊域，宋有州二十有二，郡二百三十有八。齊有州二十有三，郡三百九十有五，梁有州二十有三，郡三百五十。陳有州四十有二，郡一百有九。

後魏縣之上亦爲郡，同於魏晉，惟每郡置三太守，是其不同處。孝文初二千石能靖二郡至三郡者，遷爲刺史。太和中攴職令郡太守，以六年爲限，而後魏之州制，諸州置三刺史，皇室一人，異姓二人，與古之上中下三士相似。除司州置牧領洛陽諸郡外，諸州皆以刺史而統郡縣。其數有州一百一十有一，有郡五百一十有九。

北齊之郡制分爲上中下三等，每等又有上中下之差，自上上郡至下下郡計凡九等。郡皆太守一人爲一郡之行政長官而統所屬各縣。郡之上爲州，州亦分九等之差，州之長官爲刺史，司州則曰牧，刺史、州牧皆爲統郡縣之長官，其有州九十有七，有郡一百六十。

北周郡制其太守之品命，以所轄戶之多寡定之，與北齊之分爲九等者有別。郡太守爲統縣之長官，則與往者無異。郡之上爲州，其長官雍州曰牧，諸州曰刺史或總管刺史。凡總管刺史則加使持節諸軍事，以此爲常。北周計有州二百一十有一，有郡五百有八。北周原爲割據一方之局，擁地小而分劃州數之多無與倫比，刺史之衆，尤可驚人。故以都督改爲總管，而以一大州總管數小州，由此可知北周之地方政權仍操於軍人之手，是與漢末以來各朝之情況，殆無二致。惟北周之制有所謂六條者，地方官吏必須誦習，不通於六條及計帳者，例不得居官。六條之要旨曰：

「其一、先治心，心不清淨，則思妄生，見理不明；是以治民之要，在清心而已。其二、敦教化。其三、盡地利。其四、擢賢良。其五、恤獄訟。其六、均賦役。」

其以清心爲治民之要，實深受當時清談家政治哲學之影響，如不失之空疏，要亦切合治道，蓋爲政在人，能修已始能善羣也。其餘五條則多採之漢制。

自三國以至南北朝之終，其地方行政制度，皆行州、郡、縣三級制，以次統轄。至於鄉吏制度，三國時以戰亂頻仍，其制已紊，迴非兩漢之舊，蓋名存而實亡矣。至晉，縣內五百戶以上者置一鄉，三千戶以上者置二鄉，五千戶以上者置三鄉，萬戶以上者置四鄉。鄉各置嗇夫一人，鄉戶每千戶以下者，置治書吏一人，千戶以上者，置吏佐各一人，正一人，五千戶以上者，置吏一人，佐二人。縣率百戶置里吏一人，其地廣人稀者，聽隨宜置里吏限，不得減五十戶。戶千以上置校官掾一人，此輩鄉吏皆以佐縣令行政事者。

宋制以五家爲伍，二伍爲什，十什爲里，十里爲亭，十亭爲鄉，鄉有三老，有秩，鄉佐，嗇夫，游徼各一人，三老掌教化，鄉佐主賦稅，嗇夫主爭訟，游徼主禁盜賊。亭有亭長，里有里魁，什有什長，各主其事。是取漢制之遺而益加規劃，精密蓋有過之，南朝其他諸代之置鄉吏，率皆沿宋之舊。唯自宋以後，主政者不得其人，享國旣淺，疆土靡定，鄉吏制度之存廢有無，未可定言。

後魏之鄉吏制度，乃用李沖之說，以五家爲一鄰，五鄰爲一里，五里爲一黨，亦各置長以主其事，是謂三長，三長者各舉鄉人之强謹者充之，以查察所屬，使課有常準，賦有常分，是其職掌。

北齊時之鄉吏制度，以合十家爲一鄰，比五十家爲一閭，百家爲一族黨，每黨有黨族一人，副黨一人，閭正一人，鄰長十人，在城市坊邑之地，一區或千戶以上，置有里正二人，里吏二人，另有偶老四人，乃爲民間私設職事，非官府爲之設置，不過沿習後魏，以圖版籍賦役齊正而已。

北周之制同於北齊，僅易鄰爲里耳，蘇綽六條詔云：「非直州、郡之官，皆須善人，爰至黨族，閭正、里長之職，皆當審擇。」蓋明言當時之鄉吏有黨、閭、里三級，而無設鄰之制。

自三國以至六朝，此一時期鄉吏制度，綜要言之，三國時沿漢制，分爲鄉、亭、里三級；晉祗鄉里二級，宋、齊、梁、陳皆採鄉、里、亭、什、伍、等五級，似漢制而益周、然究其實仍不出鄉、里、亭之三級制，後魏所行爲黨、里、鄰三級，北齊所行則爲黨、閭、鄰、三級，北周所行則爲黨、閭、里三級，由此可知此一時期各朝代之鄉吏制度，不論其名稱如何，縣以下之系統，類皆以三級制爲準則，其名雖異，終不出秦漢遺制之規模，是以言縣鄉制度者，常以秦漢爲圭臬，蓋有由也。

三、魏晉南北朝縣制之特色

魏晉南北朝之地方行政制度，雖多因襲漢制，無多興革，然亦自有其特色，蓋此一時期，政局不安，除晉朝曾一度統一局面之外，其餘各代類皆割據一方，互爭雄長，鮮有安寧之時，而有晉一代，內有八王之亂，外有五胡之患，尤為我中華民族大遷徙之動亂時期，初以其亂多治少，一般文物制度，當無足道，實則不然，其於政制創建特多，茲舉其於縣政制度之異於前代者，略述其要如次：

㈠官吏歷階而升注重行政經驗——晉制大縣令之有治績者，官報以大郡，不經宰縣，不得入為臺郎，其所以旌善獎能勉人上進者，立意至善，而縣令為親民之官，一經宰縣，則不僅行政經驗豐富，且亦能深知民間疾苦，故京官及高級地方長官，須有縣政經驗者，始得出任，且多選優拔擢，自能政通事舉，少所窒礙。其所以獎進忠良，杜絕倖進，尤收宏效，而不失為經世良法也。

㈡設為散吏注重農功——書曰：「德惟善政，政在養民。」而我國向為農業社會，政治基礎，實建於農民利益之上，縣令為親民之官，宜乎愛民勤政，首重農功，晉制於縣置有散吏，專司勸農之務，戶不滿三百者四人，至三千戶以上者散吏之設竟達廿六人之多，其注重農功，於此可見。

㈢多元領導得免專斷——魏制、地方行政長官，每級各設三人，如一縣置有三縣令，三者中，一為皇室，二為異姓。若以皇室為正，異姓為副，而又輔以其他縣吏，顯非前此之首長制，謂之為委員制又孰曰不宜，且一縣三令，其中一人既為皇室，足以代表中央政權之意旨，其餘二人當為具有行政經驗者，彼此相爲輔弼，使權能獲致合理之協調，是爲多元領導，得免專斷擾民，是亦此一時期之一大特色也。

㈣官有任期，安於所司——秦漢縣官，雖常假以時日使能從容施爲，有所建樹，然殊無一定之任期，三國兩晉，亦未見縣官有一定任期之記載，及後魏，始明定縣令之任期爲六年，其績優者例得升轉，於是縣令得於其任期以內，從容其事，多所瓶建，有裨政務之推展，實非淺鮮，後世縣官之有任期，實自此始。

㈤縣之等級繁多，超於前代——自秦漢以來縣之等級類皆分爲二等或三等，至北齊則分縣爲上中下三等，每等又各分爲上中下三級，故自上上縣至下下縣，分等計有九級之多，雖失之於繁瑣，要亦見其分劃之細密，事屬創例，允爲特色之一。

㈥統一縣官名稱——自秦普行郡縣之制，歷兩漢，三國、兩晉，以至南朝諸代，及北朝後魏，其縣官之名稱，均有縣令與縣長之別，常例大縣稱令，小縣稱長，以見秩等之差，至北齊、北周，縣之長官始不論其等級，一律名之曰令，而無令長之分，此雖小事，要亦正名之務，而後世縣官名稱統一，蓋始於此。

㈦初設市長，以理商務——我國商業雖在戰國時期業已發達，然受政治上輕商政策之影響，向列商人於四民之末，雖史有市集貿遷之記載，迄無專設官吏以理其事者，北齊於縣之組織中，有市長之設，亦爲創例。

㈧連類升轉，考功惟謹——後魏之制，縣令之能靖一縣盜賊者，得兼二縣並食其祿，能靖二縣者，得兼三縣，三年遷爲郡守。郡守之能靖其地者亦如之，三年遷爲刺史，是縣令之有才能者，既可兼職復得兼祿，三年升轉，六年即可自縣令升爲刺史，足見考功惟謹，升轉可期，其於奬掖賢才，實收宏效，蓋賢良方正之士，知有循序而進之階，自不必夤緣奔競，以求倖進，其於優良政風之樹立，實有足多者。行而得當，則人懷上進，樂於作爲，國得賢才，民受其益，良法美意雖兩漢政制之周備，不是過也。

㈨僑州郡縣，前代所無——晉自永嘉之亂至東晉時，司、冀、雍、涼、青、幷、兗、豫、幽等州，相繼淪喪，東晉版圖視西晉已減其半。然而淪亡諸州之人民不堪異族之擾亂，相率南遷，僑居於長江流域，遂有僑州、郡、縣之設。一時江左僑州至十，僑郡至百，而僑縣又數倍之。僑州之設，如司州、雍州僑置於襄陽，兗州僑置於京口，青州僑立於廣陵是。僑郡之設置，如廣平郡，義成郡僑立於襄陽，淮南郡僑立於江南，松滋郡僑立於潯陽是。僑縣之設置，如廣平、易陽、曲周、邯鄲等縣僑立於襄陽而隸於僑置之廣平郡，又有僑置之上黨郡爲縣而僑立於蕪湖是。此種現象，固出於民衆之愛國熱誠與民族意識，而於政制上實爲曠代未有之變例也。

綜觀上述，可知此一時期之縣政制度，各朝代雖多有差異，然皆沿襲漢末之州、郡、縣三級制。秦漢之時，縣之上爲郡，初無設州之制，至是始於郡之上置州，而又兼有行政軍事財政監察之權，遂啓割據叛亂之機，其係因政制之不當所引發，抑係動亂時期有此必要之措施，殊未可輕下斷語，蓋政制之建立，必有其時代之背景，所謂形勢使然，初不可妄爲訕議也。

第四章　隋之縣政制度

自漢末大亂之後，以至隋之統一，亙四百年間，亂多治少，分合無常，世局旣紊如亂絲，政制亦多所異同，或有更張增益，足以上祛南北朝之弊，或亦創制維新，遂啓唐宋之典範，故隋承天下大亂之餘，凡百政制，蓋亦遠紹秦漢之遺規，近合三國、兩晉、南北朝之分流而一之，其條序之整次，綱維之畢張，歷世諸朝鮮有及之者，雖其享國日淺，顧已奠唐代盛治之基。故隋於歷史上之地位，頗類於秦，因秦承春秋戰國之弊而一天下，乃不旋踵自亡於苛暴，而成有漢長期之統一，而隋於三國兩晉南北朝大亂之後，統一天下，不久亦以驕奢亡其祚，遂啓有唐長期之統一，而於地方行政制度之流變遞嬗，亦復如此，秦集春秋戰國時代地方政制之大成，劃一而普行之，以開有漢之制，而隋之州縣制，亦係集魏晉南北朝所演變之大成，變通而實行之，以開有唐之制。是以歷史上前有秦漢，後有隋唐，異代同趨，豈運數使然，何相似之甚也。

一、隋之縣制

隋代享國雖淺，然於地方政制之設施，有足多者，其縣之等級制度，初因北齊之舊，除大興，長安，河南，洛陽等謂之京縣外，餘各分縣爲上中下三等，每等又分上中下三級，自上上縣，上中縣，上下縣，中上縣，中中縣，中下縣，下上縣，下中縣，以至下下縣凡九等。開皇十四年，改九等之制爲上中下三等。終隋極盛之世，得縣一千二百五十有五。茲就其縣之組織與官吏職掌述之於後：

隋代縣之長官，有無令長之分，殊難考定，蓋依杜氏通典載：「隋縣有令，有長。」又注云：「魏德深爲貴鄉長，轉館陶長，貴鄉民吏，號泣請留，詔許之，貴鄉民吏歌呼滿道，館陶合境悲哭！」隋書地理志亦有貴鄉縣，館陶縣均屬於武陵郡之記載。則魏德深爲貴鄉長，係縣之長官，已無可疑。而隋書百官志但有縣令而無縣長之名，是又不能無疑也。若謂隋制乃承北齊之緒，則固無置長之稱，而杜氏通典，徵引實例，當非無據，何取何舍，既屬載籍難稽，無從考定，則以存疑爲宜，未可武斷，暫依隋書百官志之說，以見其縣制組織之一斑。

隋代每縣置令一人爲縣之長官，職掌風化，撫黎，察寃，理訟，以及總攬全縣之政務。隋制縣令三年一遷，有治績者，可遷升爲刺史，如劉曠爲臨潁令，治政優異，擢爲營州刺史，是其實例。令下有縣丞，爲縣令之輔佐。初亦設尉以掌兵事，煬帝時改縣尉爲正，旋又改正爲戶曹，法曹分司之，而大興，長安，河南，洛陽四京縣則加置功曹爲三司。司各二人分掌其職。諸吏曹之佐縣令者亦各有所司，諸吏分曹，如光初功曹，光初主簿，功曹主簿等，此外之西曹，金曹，戶曹，兵曹，法曹，士曹，卽所謂分司以承郡之六司。北齊有市長隋襲其制而更名曰市令，掌市廛交通事。

隋制上上縣之官吏員額計九十九人；上中縣減吏屬四人計九十五人；上下縣又減吏屬五人，計九十人；中上縣又減吏屬十人計八十人；中中縣又減吏屬五人，計七十五人；中下縣又減吏屬五人計七十人；下上縣又減吏屬十二人，計五十八人；下中縣又減吏屬六人，計五十二人；下下縣又減吏屬五人，計四十七人。而京縣之官吏曹員等，則有一百四十七人。

觀此可知隋之縣制，源自秦漢，滙三國兩晉南北朝之分流而一之，與之相彷彿者，則北齊之制也。

二、隋代縣之行政系統

隋初之地方行政制度因襲北齊，縣之上爲郡，郡分九等之差，自上上郡至下下郡計分九等。郡設太守以統縣，郡之上爲州，亦如北齊之制，分州爲九等之差。除雍州置牧外，餘州皆置刺史；州牧，刺史均爲地方最高行政長官。此與魏晉南北朝之州，郡，縣三級制無異，惟此制行之三年卽廢改，蓋文帝開皇三年，楊士希上表謂：「當今郡縣倍多於古，十羊九牧，人少官多，請存要去閒，併小爲大。」帝嘉許之，遂罷天下諸郡，而以州統縣，以刺史行太守之事，自是刺史太守皆爲縣之上級長官之互名，理一郡之事而已。隋制刺史三年一遷，而地方政制則由州郡縣三級制而變爲州縣二級制矣。煬帝大業三年，又改州爲郡，分郡爲上中下三等，郡置太守。中國之大，析郡一百九十。由是地方行政制度乃爲郡縣二級制，與秦漢無異。又置司隸臺大夫一人，巡察畿內，置刺史十四人，巡察畿外，刺史巡察每年二月乘軺巡郡縣，十月入奏，是又恢復漢制之以刺史爲監察之官，不復爲地方之行政長官也。準此可知隋之地方行政制度初爲州縣二級制，後改郡縣二級制，州與郡名異而實同，均爲統縣之行政區域也。

隋之鄉吏制度，縣以下有族，閭，保三級。五家爲一保，置保正領之；五保爲一閭，置閭正領之；四閭爲一族，置族正領之，各以相檢察，是其職務。

文帝開皇九年，滅陳之後，制五百家爲一鄉，鄉置鄉正一人主之，百家爲一里，里置里長一人主之，是隋之下爲鄉里二級制矣。文帝開皇十五年，變古之制，盡罷州縣鄉官，自是古之鄉吏制度，蕩然無存矣。論者咸以小官多者其世盛，隋文盡罷鄉官，是爲可議之處。

三、隋代縣制之特色

隋之縣制，其改革廢置有足多者，所以興利祛弊，有功政制者可無愧於前代，茲請扼要述之如次：

㈠祛除武人干政之弊——自漢末大亂之後，世局不安，遂使地方政權，操諸武人之手，而縣在其統治之下，實難脫武人之羈絆。魏晉時代地方之統治者爲都督，南朝各代亦如之，北朝之魏齊亦有都督，北周改都督爲總管，都督總管皆統兵而兼治民之長官。隋初亦有總管之設，煬帝大業元年，始盡廢諸州總管府，至是四百年來之軍閥政治，於以結束，而縣政亦不復受武人之干擾，其有裨地方政教，功不可沒。

㈡恢復郡縣二級制——自漢末至隋初四百年間，由於武人干政，是以地方政制類皆採行州，郡，縣三級制，重床疊屋，政多窒礙，至隋開皇三年始改爲州縣二級制，煬帝大業三年雖改州爲郡，亦爲二級制，上追秦制之遺，後啓唐宋地方政制之緒，其興革廢置之間，實大有裨於縣制之確立。

㈢始創縣吏迴避本籍之制——自秦漢以來縣之佐治人員多進用當地人士，歷三國兩晉南北朝而未之改，蓋以地方人辦地方事，既熟悉民情，自能政通人和，然利之所在，弊亦隨之，其能不受人情之牽纏放手而爲之官吏，殆不多見，故隋代於縣吏盡用外地之人，非無因也，後世之易地而官，易民而治，蓋始於此，若今日縣鄉官吏之出於選舉者，又不可一概而論矣。

㈣太守刺史爲之互名——隋代之前，多爲州郡縣三級制，州之長官爲刺史，郡之長官爲太守，刺史秩在太守之上，爲其上級之長官。及隋行州縣二級制，旋改爲郡縣二級制，故稱州時，州之長官爲刺史，稱郡時，郡之長官爲太守，官稱雖異，職司實同，均爲縣之上級長官，故太守與刺史之互稱殆始隋代。

㈤廢除鄉吏，異於前代——鄉吏之設，先於郡縣。蓋自周秦歷兩漢三國兩晉南北朝以迄於隋，二千餘年來莫不有鄉吏之置，至隋文帝乃有意變古，盡行廢除，異於前代，終隋之世，縣之下均無鄉吏爲之佐治，事雖可議，要亦不失爲一代之特色也。

㈥制定縣吏任期——縣令長之有任期前代已然，未聞縣吏亦有任期之限定者，有之乃自隋始，隋制對於縣吏，均以三年爲一任，期滿不得重任。後世對官吏之定有任期者，其師此歟。

綜觀隋之地方政制，多所興革廢置，要能師古創今，取優汰劣，故史家每稱我國政制之美備，輒曰隋唐，唐制多襲隋舊，而隋實集秦漢以來政制之大成也。故曰縣制普行於秦，漢繼成之，至隋乃益見重要。故隋雖享國日淺，而於我國縣制之貢獻則甚偉也。

第五章　唐之縣政制度

中華民族歷魏晉南北朝四百年間之紛擾，分合無常，主奴異勢，尤以異族統治時期，所引致之民族遷徙與文化混合，致使文物制度，雜然分流，至隋始復完成統一大業，銳意興革，遂集兩漢以來政制之大成，而恢宏之，變通之，實行之，故隋雖享國日淺，而隋文勳業，彌足雄誇，其上承四百年動亂不安之局，後啓盛唐震鑠中外之治，功不可沒，固不必以其國祚之久暫論成敗，是以史家論我國政制之美備，咸以隋唐並稱，蓋中古末期之良法美制，可謂隋啓其端，而唐竟其緒也。

中國文化至唐而大放異彩，其來有自，蓋由於長期之動亂，激盪擊摩，盛衰興替之間，遂得以時增損，多所更新，益以大亂之後人心思治，寰宇澄清之心，文物燦然大備，其弘綱鉅旨，法良意美，曠代所無，觀之唐六典一書，雖未盡付實施，而唐制之精華蓋盡於是矣，論者謂可媲美周禮，信非誣也。影響所及，不僅垂法後世，奠兩宋政制之宏規，而鄰封之日本朝鮮，亦深受教化，厚沐德澤。

初唐之世，國威之隆，凌於前代，因而其文物典章亦得遠播，見重於世，太宗高宗之時，拓地之廣，曠古未有，而四夷內向，天下歸心，初非黷武開邊，力征勢奪所可集事也，故唐太宗嘗謂：「自古帝王雖平定中夏，不能服戎狄，朕才不逮古人，而成功過之，所以能及此者，自古皆貴中華賤夷狄，朕獨愛之如一，故其種落皆依朕如父母。」（語見資治通鑑）徵諸史實，誠非誇誕，而南方諸小國，亦復聞風來歸，朝貢稱臣，如占婆（今之交趾）眞臘（今之柬埔寨）扶南（今之婆羅洲）室利佛逝（今之蘇門答剌）等，以及東謝（今之四川涪陵縣）西趙（今之雲南鳳儀縣）牂牁（今之貴州思南縣）諸蠻夷，亦皆以時來朝。於是唐之威令所及，東達遼海，西被達曷水，南極天竺暨海洋洲中之小國，北出長城，而今內蒙等地皆屬之，聲威之盛，致使南洋羣島各地，至今猶以唐人呼中國人，是豈力征經營所可致，蓋由於以仁德化天下，而又繼之以文物典章之美也。

唐代廣土衆民，治理之方，難期一致，故地方政制，有內省與邊地之別，內省制亦可稱爲普通制，卽在本部設府縣，州縣或郡縣，邊地制可謂爲特別制，卽邊遠地區設置都護府以統監之，其下之都督與刺史及縣令多以其地原有之部族長任之。此外尚有節度使，招討使，宣慰使，按撫使，勸農使……等之設置，皆係因地因事之不同而特設之職官。

唐祚綿長，政象之變，勢所難免，約而言之，其變有四：自唐高祖開國至武則天稱周，其變一也；玄宗之時，因回紇、吐蕃，大食諸夷族侵擾邊境，烽火頻驚，四陲不寧，於是乃於邊境要地，設十節度使以鎮撫之，其變二也；肅宗時，因安祿山，史思明之亂，內地震動，用兵無已，遂增設節度使，防禦使，均各統有州縣，而其官遍天下，其變三也；僖宗時，黃巢亂起，天下鼎沸，其變四也。唐之地方行政制度有此四大變，而與縣之行政系統不無關係，是治世之亂局，雖有良法美制，要亦深受影響，故略及之，以示政制之遞嬗，固有其時代之背景也。

一、唐代之縣制

唐朝之縣，大別之可分三種：京都之縣謂之京縣，亦曰赤縣，等秩最高，翼近京畿而爲京兆、河南、太原等府所轄者，謂之畿縣，等秩次之。諸州所轄之縣，則謂之普通縣，其中又以資地之美惡，戶口之衆寡，分爲差等，謂之望縣、緊縣，以六千戶以上者爲上縣；三千戶以上者爲中縣，不滿三千戶者爲下縣，凡五等。故唐朝縣之等級制度，卽分縣爲赤、畿、望、緊、上、中、下七等之差。盛唐之世，赤縣有六，畿縣八十有二，望縣七十有八，緊縣計一百一十有一，上縣計四百四十有六，中縣計二百九十有六，下縣計五百五十有四，共有一千五百七十三縣。此係就本部所有之縣而言，至於羈縻府州所屬之縣，尚不在內，依杜氏通典所載如此，唐書所載，稍異乎是，如依諸州之縣，僅分爲上縣、中縣、中下縣、及下縣四等，而無望縣、緊縣之稱，是與通典所載有異，而於京縣稱曰赤縣，京旁之縣謂之畿縣，是又與通典所載相同，依此則唐之縣制則分赤、畿、上、中、中下、下縣六級之差。二書所紀，各有所據，殊難妄爲去取，意者唐祚二百九十年間，縣制之變易，容當有之，其先後互異，立制不同，事所難免，二書各錄其當，故兼敍之以備存疑也。茲略述唐縣之組織及其官吏之職掌等於次：

甲、縣之組織——唐縣之組織，初因隋制，稍有損益而已。其組織之繁簡，員吏之多少，均以縣之等級而有差異，今依唐書職官志所載，參以其他史籍簡述如次：

(1)赤縣——唐之長安、萬年、河南、洛陽、太原、晉陽等六地爲京縣，亦名赤縣。各置縣令一人；縣丞二人，主簿二人，其下有錄事二人，佐二人，史四人；縣尉六人，領有佐史，司功有佐三人，史六人；司倉有佐四人，史八人；司戶有佐五人，史十人；司兵有佐三人，史六人；司法有佐五人，史十人；司士有佐三人，史六人；典獄十四人；門事八人；白直十八人；經學博士一人，助教一人，學生五十人。

(2)畿縣——京兆、河南、太原三府所轄諸縣，是爲畿縣。各置縣令一人；縣丞一人；主簿一人，其下有錄事二人，史三人；縣尉二人，領有佐史，司功有佐三人，史五人；司倉有佐四人，史七人；司戶有佐四人，史七人，帳史一人；司法有佐四人，史八人；典獄十四人；門事四人；白直十八人；市令一人，在其下有佐一人，史一人；經學博士一人，助教一人，學生四十人。

(3)上縣——諸州上縣，各置縣令一人；縣丞一人；主簿一人，其下有錄事二人，史三人；縣尉二人，領有佐史；司戶有佐四人，史七人，帳史一人；司法有佐四人，史八人；倉督一人；典獄十人；門事四人；白直十人；縣令一人，其下有佐一人，史一人，帥一人；經學博士一人，助教一人，學生四十人。

(4)中縣——諸州中縣，各置縣令一人；縣丞一人；主簿一人；其下有錄事一人，史四人；縣尉一人，領有佐史；司戶有佐三人，史五人，帳史一人；司法有佐二人，史六人；倉督一人，典獄八人；門事四人；白直八人；市令一人，其下有佐一人，史一人，帥二人；經學博士一人，助教一人，學生二十五人。

(5)中下縣——諸州中下縣，各置縣令一人；縣丞一人；主簿一人，其下有錄事一人；縣尉一人，領有佐史；司戶有佐三人，史三人，帳史一人；司法有佐二人，史四人，典獄六人；門事四人；白直八人；市令一人，其下有佐一人，史一人，帥二人，經學博士一人，助教一人，學生二十五人。

(6)下縣——諸州下縣，各置縣令一人，縣丞一人；主簿一人，其下有錄事一人；縣尉一人，領有佐史；司戶有佐二人，史四人，帳史一人；司法有佐一人，史四人；典獄六人；門事四人；白直八人；市令一人，其下有佐一人，史二人；帥一人；經學博士一人，助教一人，學生二十人。

上所舉述，祇就本部京府及諸州所轄之縣而言，至於羈縻府州所轄之縣，多以原有部落之組織稍加損益而遷就之，各地組織互異，要皆因地制宜，未有定制，以非常規，不復詳贅。

乙、縣級官吏之職掌——唐代享國日久，政制常有更易，官吏所司，時或損益，綜觀典籍所載，間有出入，綜其要旨，述之於次：

(1)縣令——唐制凡縣無論等次，一律置令，而不稱長。縣令爲一縣之最高行政長官。其職掌爲導風化，撫黎甿，審察寃屈，躬親獄訟，養鰥寡，恤孤窮，敦四民之業，崇五土之利；故凡民田收授縣令給之，每歲季冬行鄉飲酒禮。籍帳、傳驛、倉庫、盜賊、隄道等，雖有專官，悉歸其監督指揮，蓋縣令乃總攬一縣政務之長官。

(2)縣丞——縣丞爲縣令之貳，以佐縣令辦理全縣之政務。與州郡之上佐所職掌者，略相彷彿。所謂通判縣事，即其職務。高宗時始爲品官，由吏部選授。

(3)主簿——主簿上轄爲縣令之總務屬吏。武德之初，係以流外爲之。高宗時則以爲品官，由吏部選授。掌付事勾稽，省署鈔目，糾正縣內非違，監印，給紙筆雜事等。

(4)縣尉——唐初仍因隋制，武德中改爲正；七年三月，又改爲尉。高宗時亦爲品官，由吏部選授。尉之職掌爲分判諸司，收率課調。

(5)司功——理官吏考課，假使選舉，祭祀嘉祥，道佛學校，疏表書啓等事。

(6)司倉——理公廨、度量、庖廚、倉庫、賦稅、田園、市肆等事。

(7)司戶——理戶籍、計帳、道路、逆旅、田疇、六畜等事。

(8)司兵——理武官選舉、兵甲、器仗、門戶、管鑰、烽候、傳驛等事。

(9)司法——理律令格式、鞫獄、定刑、督捕盜賊，糺逖姦非等事。

(10)司士——理津梁、舟車、舍宅、百工衆藝等事。

(11)典獄——典獄職司管理獄囚事。

(12)博士與助教——是爲一縣之教育官吏，職司以五經授諸生。

(13)市令——市令之制，沿襲隋制，是爲市政之長官，掌理市廛交通，禁斥非違，通判市事。

此外若門事、白直職掌何事，史少記載，無由深考，故未能詳。縣之未設司士者，則以司法兼理其事。無司功者，則以司戶兼理其事。無司兵者，則以司法兼理其事。無司倉者，則以倉督主其事。設官多少，與政事之繁簡有關，吏有兼司，而事不可省也。

丙、縣令之品俸、任免、獎懲與考課——縣令總攬一縣政務，得人與否，所關至大，唐制於縣令之品俸、任用、任期、解職、獎懲、考課等，規定綦嚴，足見對縣令人選之進退黜陟，至爲重視，唐代縣政之健全發展，非偶然也。茲分述之：

(1)縣令之品俸——唐初武德時，外官無祿。貞觀二年制，有考者乃給祿，後始有祿俸之規定。縣令之品秩與祿俸，視縣之等級不同各有差。

最高者爲赤縣，縣令爲正五品，領祿秩一百八十石及錢月俸三千，食料六百，防閤五千，雜用五百，計九千一百一十文，此外有職田六頃。

其次爲畿縣，縣令爲正六品，領祿秩九十五石及錢月俸二千三百，食料四百，庶僕二千二百，雜用四百，計五千三百文，此外有職田五頃。

諸州上縣令爲從六品，領祿秩八十五石及錢月俸二千三百，食料四百，庶僕二千二百，雜用四百，計五千三百文，此外有職田十頃。

諸州中縣令爲正七品，領祿秩七十五石及錢月俸一千七百五十，食料三百五十，庶僕一千六百，雜用三百五十，計四千有五十文，此外有職田八頃。

諸州中下縣及下縣令爲從七品，領祿秩六十五石，其他皆同於中縣令，此外有職田六頃。

(2)縣令之任用——唐代選用縣令之法頗多，或出自銓選，或出自薦舉。或出辟置，或由於遷謫，究其出身，不外此數者：

子、經銓選而任爲縣令者——此制因襲隋制，由吏部之尚書侍郞主銓選之事。銓選之標準，擇其人之尤良者分爲四事：一曰身，取其禮貌豐偉；二曰言，取其言辭辨正；三曰書，取其楷法遒美，四曰判，取其文理優長。觀人之異者，又分爲三事：一曰德行，二曰才用，三曰勞效。如皆可取，則先德行，德均以才。才均以勞。京縣縣令爲五品以上之官不試，有册授或制授；其他之縣令爲六品以下之官，試其書判，皆旨授。已試而銓，察其身言；已銓而注，擬其便利，已注而唱，不厭者得反通其辭，三唱而不厭，聽冬集，厭者爲甲，上於僕射。是謂之三銓，三注、三唱而後擬官之制度。此制行之於已有資格者，中選之後，始可分別任官。

丑、由薦舉而任爲縣令者——此制自太宗以至憲宗，皆行之。至穆宗長慶元年始停。其事蓋本於國君求賢之旨，如貞觀三年，詔曰：「內外五品以上，各舉堪爲縣令者，以名聞。」又十一年，太宗謂侍臣曰：「縣令，詔京官五品以上，各舉一人。」開元廿九年，詔曰：「昔祁奚之舉祁午，謝安之舉玄，寧限嫌疑，致有拘忌，其內外官有親伯叔及兄弟子姪有材術，異能，通閑政治，據資歷可任刺史、縣令者，各以名聞」。元和四年，中書門下奏舉薦縣令，前後敕文非一。十一年，又奏所舉薦縣令，如不稱，則有司與舉主同坐，從之。凡此皆可見當時國君求賢若渴之意，而有司與舉主，要亦愼重將事，爲國薦賢，尤不願以此獲罪，故所薦類皆稱職，意至善也。

寅、受辟置而任爲縣令者——此非定制，蓋由藩鎮權重，於地方行政官吏有進退任用之權，以意辟置，不經銓選，故士得科舉出身或有奇才異能者，地方最高長官皆可辟置之，用爲官吏，而士人亦以得之辟置爲重。安史亂後，此風尤盛，藩鎮亦以辟置得人爲幸。至是應辟者，不拘資格，任何人但得藩鎮靑睞，皆可辟置，故俊偉之才，常獲不次之拔擢，度外之士，得遂淑世之宏願，設能本愛賢惜才之意而爲之，未始非登庸人才之良法也。

卯、出於京官而外遷爲縣令者——以京官外放，使多歷練，如景龍二年，詔曰內外之職，出入須均，更遞往來，始閒政治，京官中有才幹堪治人者，量與外官，卽因縣令爲親民之官，久任京官者，使爲縣令，則知民間疾苦，與治道實務，始可政通事舉也。

辰、因貶謫而爲縣令者——朝廷顯官或皇族之以事獲罪而遭貶謫者，亦有任爲縣令者，如韓愈任監察御史，上疏極論宮市之弊，觸德宗怒，以其爲淸望之官，且有聲於時，不宜深罪，乃貶之爲陽山令，卽其實例。直臣遭貶，身雖不幸，而出爲縣令，則地方之福也。

(3)縣令之任期與解職——縣令之有任期自後魏始，均以六年爲限，隋代則以三年一代，不得重任，唐因隋制，縣令亦有任期之規定，第任期之長短，時有變更，或爲三年一任，或爲四年一任，與隋之一律定爲三年者小有不同。寶應二年敕，縣令以四年一任爲限。貞元元年，有自今以後，刺史縣令未經三考，不得改移之敕語。至六年又有至今以後，刺史縣令以四考爲滿之敕語。寶歷元年，敕曰：「刺史縣令若無犯，非滿三年，不得替；如治行尤異，但議就加獎。」可見唐代縣令之任期，或爲四年，或爲三年，雖長短不一，而謹守職責，無有過犯，則恒獲得保障，不得任意解職，故縣令各能以自惕勵，以免隕越也。至於縣令之解職，一爲任期屆滿，自然解職，無論其爲四年或三年一任，一旦任滿，或升遷或告退，皆不得留任，縱然在任治績優異，但議就加獎而已。如縣令在任中，有失職犯法之事，爲避免其繼續爲害，即先免其職然後議處。唐六典考課注云：「若私罪下中以下，公罪下下，并解見任」是爲受懲罰之解職。然私罪至於中下以下，公罪至於下下，始解其職，恩遇可謂渥矣。

(4)縣令之獎懲——獎懲之法，代皆有之，惟唐制美備有足多者，玆分述之：

子、關於縣令之獎勵——唐代於縣令之治績優異者，輒予多方獎勵，要而言之，可分爲五：一曰加勛，如開元二十四年，敕諸州刺史縣令，與朕共治，情寄尤切，等數宜加。諸州都督刺史，五府長史，都護及縣令，每有制加勛階賜物，并同京官諸詔，所以榮寵之者，與京官不殊。二曰擢升，如貞觀二十年正月，遣大理卿孫伏伽等巡察四方，多所黜陟舉奏；太宗親至臨決，牧宰以下，以能官進擢者二十人。又如開元元年，敕縣令有聲績者，先宜進考員外郎，侍御史；京兆，河南判司及其餘清望官，先於縣令內簡擇。又如大中九年，帝御筆除醴泉縣令李君奭爲懷州刺史。又如韋景駿歷任肥鄉令、貴鄉令，因有治績，後陞爲房州刺史，皆其實例。三曰詔獎，如開元二十三年，二十六縣令李常等，政號循良，皆璽書獎飭縣令。又如狄惟謙爲晉陽令，因求雨有功於民，上聞，俄有詔書褒獎。又如馮元淑歷任清漳、儀、始平三縣令，右善去惡，人稱神明，與奴僕日一食，馬日一秣，不挈妻子，斥俸餘以給貧窮。因之中宗降璽書勞勉，付狀史官。四曰賜與，是爲物質上之獎賞，不同於璽書榮褒之精神慰勉，然常亦二者兼施，如狄惟謙之爲晉陽令，有功於民，上聞之，除詔獎外，復賜錢五十萬及寵賜章服，他如貞元初年，上召京兆府諸縣令，對於延英殿各賜衣一襲，均於實物之獎賞中，寓精神上之慰勉也。五日增秩，如開成元年，中書門下上奏，謂政治親民，屬在守宰，望令諸觀察使，每歲終具部內刺史縣令，司牧方策，政事工拙上奏。其有教化具修等事，是謂循良之吏，仰以其尤薦聞朝廷，特加褒賞，增秩改章。上准奏，敕旨宜行。綜觀唐代對縣令之獎勵，所以嘉勉循良者，可謂備矣。

丑、關於縣令之懲罰——唐制於不法之縣令亦多懲罰之方，其要者有四：一曰解職，與免職似，或爲解見任，貶爲末職，或廢爲庶人，唐制考課綦嚴，如私罪在下中以下，公罪在下下，幷解見任，是爲免職。二曰罰俸，凡縣令如有過失，或奪祿，或罰俸以懲之。三曰科刑，凡縣令如有犯贓等事，即罰以科刑。四曰罪配，是懲罰之重者，如貞觀二十年正月，遣大理卿孫伏伽等二十二人以六條巡察四方，多所貶黜舉奏。太宗親至臨決，牧宰以下，罪配者七人。

唐制於縣令之獎懲，基於考課巡察之嚴密，而賞罰嚴明，使各知所砥勉惕勵，有關治道，實非淺鮮。

(5)縣令之考課——唐代有考課之法，以督責內外官吏，由吏部之考功郎中掌其事。考課之法，有四善：一曰德義有聞；二曰清慎明著；三曰公平可稱；四曰恪勤匪懈。善狀之外，又有二十七最。由是議其優劣，定爲九等。凡此內外官吏一律相同，縣令爲外官之一，故亦在考課之列。凡縣令有一最又有四善者爲上上，有一最以上又有三善或無最而有四善者爲上中，有一最以上又有二善或無最而有三善者爲上下；有一最以上又有一善或無最而有二善者爲中上，有一最以上或無最而有一善者爲中中，職事粗理善最弗聞者爲中下；爱憎任情，處斷乖理者爲下上，背公向私職務廢闕者爲下中，居官諂詐貪濁有狀者爲下下，若於善最之外，審其罪雖成殿而情狀可矜，或雖不成殿而情狀可責者，皆由考官臨事量定。

凡縣令考在中上以上者，每進一等，加祿一季；在中下以下者，每退一等，奪祿一季，如私罪在下中以下，公罪在下下者，幷解見任，奪當年祿。

諸州縣官人撫育有方，戶口增益者，各準見戶十分論，每加一分，刺史縣令各進考一等。其州戶口不滿五千，縣戶不滿五百者，各準五千，五百戶法爲分。若撫養乖方，戶口減損者，各準增戶法，亦每減一分降一等。

諸州之勸課農田，能使豐殖者，亦準見地爲十分論，每加二分，各進考一等。其有不加勸課，以致減損者，每損一分，降考一等。若數處有功並應進者，並聽累加。

唐行考課之法，利弊互見，得失參半，蓋行之太嚴，則賢者爲難，中人失望，行之太寬，則吏事廢弛，徒增奔競，故當時賢者於此，輒多議論。如貞觀六年監察御史馬周上疏論之云：

「今流內九品以上，有九等考第，自比年不過中上，未有得上下以上考者。臣所謂設九等，正考當今之官，必不施之異代也。縱使朝廷實無好人，猶應於見任之內，比較其猶善者以爲上第；豈容皇朝士人，遂無堪上下之考。朝廷猶知貶一惡人，可以懲惡；不知褒一善人，足以勸善。臣謂宜每年選天下政術尤最者，一二人爲上上，其次爲上中，其次爲上下，則中人以上。可以自勸矣。」

觀此則知唐代考課綦嚴，流內九品以上之官，非僅未有上上之考，並上下以上之考者亦無之，考課標準之高於此可知，然亦有失勸善之旨，宜乎馬氏感慨言之也。又如神龍時，御史中丞盧懷愼上疏云：

「臣聞孔子曰：『爲邦百年可以勝殘去殺。』又曰：『苟有用我者，期月已可，三年有成。』故書云：『三載考績，較其功也。』子產賢者也，其爲政尙累年而化成，況其常材乎？竊見比年來州縣官佐，下車布政，而多者三年，少者三五月，遽卽遷除，不論課考，或歷時未改，便傾耳而聽，企踵而覩，爭求冒進，不顧廉恥，亦何暇宣風布化，求瘼恤人哉！戶口流散，百姓凋弊，職爲此也。何則？人知吏之不久，則不從其吏，吏知遷之不遙，又不盡其能，偸安苟且脂韋而已。又古之爲吏者，長子孫倉氏，庾氏卽其後也。臣請都督，刺史，上佐，兩畿縣令等在任未經四考，不許遷除；察其課效尤異，或錫以車裘，或就加秩祿，或降使臨問並璽書慰勉。若公卿有闕，則擢以勸能，政績無聞，祇犯貪暴者，放歸田里，以明賞罰。致理救弊，莫過於此。」

盧氏此疏，上於武氏亂平之後，蓋女主亂政，良制已墮，唐祚新復，考課之政已不如貞觀之世遠甚，而州縣官吏任期既暫，人懷五日京兆之心，偸安苟且，勢所難免，而民心不附，難言治道，盧氏之言，蓋深以考課之政不可廢也。又如左監門錄事參軍劉秩論考課之事云：

「昔周公使伯禽理魯，三年而後報政；周公曰：『何遲？』伯禽曰：『變其理易其俗難，所以遲。』太公理於齊，三月而後報政；周公曰：『何疾？』曰：『因其俗簡其禮易，所以速。』故孔子論之曰：『齊一變至於魯，魯一變至於道。』由是而言，勞不甚者，理不極；功不積者，澤不深。故堯舜三年而考，三考而黜陟，所以能盡其智術也。近古人情敦龐，未淳乎堯舜，禮正樂和未愈於虞夏，官賢吏能未稱於殷周；或一年而考，或四考黜陟，或比年而巡狩，或歲時便遷，或旬日升擢。令長今日既上，明日部內有犯名義者，卽坐之，不其速歟？

武氏稱周，政象失常，變亂敉平之初，庶政亦未循軌，劉氏以一代名儒，身經變亂之局，蒿目時艱，賢者傷世，故其論蓋極言縣令之遷除無常，而弛考課之法，其欲求治，固甚難也。

總觀當時賢者之論，皆以嚴行考課之法，爲致治之坦途，蓋縣令有一定之任期，考功課績，以定黜陟，則人皆自勉，但能盡其在我，自可從類而升，不須夤緣奔競，於政風士習皆有裨益，故曰：「致理救弊，莫過於此！」誠知言也。

二、唐縣之行政系統

唐之地方行政區域，其名稱頗不一律，要可分爲府縣、州縣（或郡縣）、及羈縻府州縣三種：今爲分述如次：

甲、府縣——赤縣與畿縣之上級爲府，府之長官，初爲牧，以皇子遙領之，另置別駕長史行其事，至玄宗時改長史爲尹，始以正官蒞職。然領牧之制未廢，可謂駢枝之置。

府爲京都所在地，號稱首善之區，地廣人衆，隆重其制，崇之曰府，所以別於其他州郡，而其職掌悉與州郡同。唐之京府有三：是爲西京京兆府，東京河南府，北京太原府，唐之西京，卽秦之咸陽，漢之長安，隋之京都。唐高祖入關，卽都於此。初稱京城，開元元年，改爲京兆府。天寶元年，始稱西京。至德元年改爲上都。上元二年，又改爲西京，西京京兆府共轄有二十縣。唐之東京卽周之洛邑，東漢之京都，隋之東都，唐以此爲陪都，以其位在東方故稱爲東京。唐初武德四年，置洛州總管府，是年又廢之，置陝東道大行臺，改爲東都；六年改東都爲洛州，九年廢行臺，置洛州都督府。貞觀十一年，改爲洛陽宮，又改爲東都。開元元年，改爲河南府。天寶元年，始爲東京，東京河南府共轄有二十縣。唐之北京卽隋之太原郡，太原乃唐之發祥地，故以此爲陪都，位於北方，遂稱北京。武德元年，改隋之太原郡爲幷州，設總管府，三年罷總管府，五年再改爲代石二總管府，是年改總管府爲大總管府，六年又改朔州總管府，七年改爲大都督府。貞觀二年，改爲都督府。龍朔二年又改爲大都督府。天授元年，設北都於此，兼都督府。長壽元年，改爲太原府。神龍元年，廢爲大都督府，開元十一年，又置北都，改幷州爲太原府。天寶元年，改爲北京，北京太原府共轄有十三縣。

除此三京府外，其後又相繼換京府之例，而增置河中、成都、鳳翔、江陵、興元、興德等六府，多因前後曾爲陪都，故亦以府稱之。府之長官，亦稱爲尹而統轄縣。河中府在今之山西永德縣，因玄宗有志破突厥，故改爲府，稱爲中都以備之。自武德二年置總管府後多有更迭，開元元年，改爲河中府，號爲中都。成都府在今之四川成都縣，自武德三年置益州行臺後，迭曾改爲大都督府，都督府，至德二年，因安史之亂，玄宗幸蜀，立爲陪都，故改爲成都府，號爲南京。鳳翔府在今之陝西鳳翔縣，武德元年改隋之扶風郡爲岐州。天寶間改爲扶風郡，至德二年因安史之亂，以其地位重要，備爲陪都，故改爲鳳翔府，號西京，上元元年，改爲西都。江陵府在今之湖北江陵縣，武德四年置大總管府後，迭有變更，上元元年，因安史亂熾，以其地居長江衝要，乃置陪都以備之，故改爲江陵府，號南都。興元府在今之陝西南鄭縣，武德元年置總管府，七年改都督府，貞觀十七年廢之，永徽七年復置都督府。興元元年，因李懷光反，德宗曾幸梁州，故改爲興元府。興德府在今之陝西華陰縣，垂拱元年改爲太州，後改華州，光化元年因王行瑜、李茂貞、韓建等舉兵犯闕，昭宗曾幸華州，故升爲興德府。

乙、州縣——唐時本部之縣，除赤縣與畿縣之上爲府外，其餘之縣，其上級多爲州、郡，稱州時其長官曰刺史，稱郡時其長官曰太守。刺史與太守之爲互名，與隋制同。

唐武德元年，改隋之郡曰州，改太守爲刺史，加號持節，後加號爲使持節諸軍事，而實無節，但頒銅魚符而已。此時州分爲上、中、下三等之差。開元十八年，定天下州府，自京都及都督都護府之外，以近畿之同州、岐州、蒲州、華州之四州，謂之四輔；以鄭州、陝州、汴州、懷州、魏州、絳州謂之六雄，以宋州、亳州、滑州、許州、汝州、晉州、洛州、虢州、衛州、相州等十州，謂之十望；其他部份之州謂之緊州，因初有十緊州，故亦謂之十緊，後入緊者多，不復具列。州以戶之多寡分等次，凡四萬戶以上者謂之上州；二萬二千戶以上者謂之中州；其不滿二萬戶者謂之下州。其外有由帝命敕爲上州者，則不計其戶口之多寡，而近畿之州，戶雖不滿四萬，亦爲上州，其有由親王出任中下州刺史者，亦皆稱為上州，俟王去任後，仍復其故。總之唐制州之等級可分為輔州、雄州、望州、緊州、上州、中州、下州等七級，依天寶時之統計，有上州一百有九，中州十九，下州一百八十有九，共有三百二十七州。

天寶元年，改州為郡，改刺史為太守，自是之後，州、郡與刺史、太守相互為名，名異而實同。且州、郡、不僅同為縣之上級，且為同一區域之兩稱，刺史與太守之職掌亦無二致也。

丙、羈縻府州縣——是為異族所居之地，而為漢人所征服者，因其情形特殊，故不得不另有建制以治其地。如地在邊遠，縣或與縣同級之政府，其上有都督府或州，都督府置都督，州置刺史，一都督府常領有數州，而州之刺史則不然，因都督掌軍政復理民政，而刺史則純為一州之民政長官。都督、刺史、及縣令皆以諸蕃之酋長充任，並由其世襲，此乃中央政府籠絡被征服各異族之一種策略。故徒受臣服之美名，而無貢賦之苛擾，於是四境得以安寧，而此邊州制度亦以確立，垂為典範。唐時四方羈縻府州，其數多至八百五十有六，所領縣及類似縣之總數，雖無可考，然衡以當時情形推之，或在本部縣數之上，亦未可知。

羈縻之府州，由中央設置六都護府，派六都護分別統監之。六都護府為：

⑴安東都護府，初設於朝鮮平壤，後移於遼東城。管轄高句麗、百洛等地，即今之遼寧、吉林及朝鮮之西北部。

⑵安北都護府，初設於鬱督軍山之南狼山府，後移於陰山麓中受降城。管轄鐵勒諸部之地，即今

之外蒙古。

(3)單于都護府，設於山西大同之西北雲中城，管轄突厥各部之地，卽今之內蒙古。

(4)北庭都護府，設於天山北路之庭州，（今之迪化），管轄西突厥之地，卽今之天山北路及俄領七川州之地。

(5)安西都護府，設於天山南路之焉耆，（今之哈拉社爾），管轄西域諸國，卽今之天山南路及中亞細亞地區。

(6)安南都護府，設於嶺南之交州（今之東京河內）管轄南海諸國，卽今之安南等地。

都護府之設置，雖爲統率各羈縻府州之都督、刺史，有似一地方行政之區域，掌軍政又治民政，然未可以純粹地方政制區域視之。實爲中央特設而爲分治之區域，故都護府以掌軍而撫諸蕃，禦外寇及監察所部爲其職責，對於諸異族之內政，固未嘗加以干涉。故曰都護府爲中央分治之監察區可，謂爲中央之軍衛區亦未嘗不可，邊州之都護府與內地之都督府，實無不同。

基上所述，可知唐之地方行政系統，無論其爲內省制或爲邊地制，在縣之行政系統中，縣之上祗有一級，卽爲府或州，亦卽唐之地方行政制度係採府縣或州縣二級制，其與秦漢之郡縣二級制及隋之州縣二級制，固無異也。

或有以唐之地方行政制度爲三級者，則因於府縣、州縣之上，有道之一級，如日本高桑駒吉中國文化史云：「道之下有州，州之下有縣。」又如黃綬唐代地方行政史云：「唐之地方行政區域爲三級制，曰道、曰府州郡、曰縣，道領府州郡，府州郡各領縣也。」是皆以唐代地方行政制度爲三級制之實例。其說固亦有據，然詳考其實，殊有未妥，允爲留心中國地方政制史者所宜深究也。

夷考唐武德時，祇設有軍衞區以數州設一都督府領其兵馬等事。至貞觀元年二月，如依山川之形勢，分爲關內、河南、河東、河北、山南、隴右、淮南、江南、劍南、嶺南等十道，開元二十一年，復有增置，分爲：京畿、都畿、關內、河南、河東、河北、山南東、山南西、隴右、淮南、江南東、江南西、黔中、劍南、嶺南等十五道。至德以後，因安史之亂，河北諸鎮，相繼用兵，遂分天下爲十八道，後竟多至四十餘道，大者十餘州，小者二三州，仍各因其山川形勢以爲區域。貞觀時，由中央派黜陟大使，分赴各道，以六條巡察四方，黜陟官吏，無適所治。至神龍二年二月，每道置巡察使二人，以左右臺及內外官五品以上，堅明清勁者爲之。廉按州縣，再期而代。景雲二年，改置按察使，道各一人，開元十年，裁撤，十七年復置，廿二年改爲採訪處置使，二十五年，命諸道採訪使考課官人善績，三年一奏，永爲常式。至德以後改採訪史爲觀察使，有唐一代諸道增減無定，使命亦不一致，或省或置，不可勝書，要而言之，不問其區域大小，其使命如何，然而其爲中央派出之監察使者，絕非地方行政長官，實可斷言。試觀貞觀八年正月二十九日詔云：

「外廷侯伯司牧，黎元惟懼，淳化未敷，名教或替，故有狩守之典，黜陟幽明，行人之官，存省風俗，時雍之化，率由茲道，宜遣大使，分行四方，延問疾苦，觀風俗之得失，察政刑之苛弊。」

又天寶九年三月敕云：

「本置採訪使，令舉大綱，若小大必由，是一人兼理數郡。自今以後，採訪使但訪察善惡，舉其大綱。自餘郡務，所有奏請，並委郡守，不須干及。」

此類記載，史不絕書，可知道之長官，其職掌與秦之監察御史，漢之刺史實無以異，道之劃分亦與漢分天下爲十三部之性質，毫無二致。故曰唐之道並非純粹之地方行政區域，乃爲中央分治之組織，自甚顯明。是以自政制之觀點論之，唐之地方行政制度宜爲二級制而非三級制。惟晚唐藩鎮跋扈，而節度使把持一方軍政大權，竟成爲地方行政之最高長官，地方行政區域亦竟形成三級制，雖非立制初衷，而事實如此，是又爲論史者所不可不知也。

景雲元年冬十月以薛訥爲幽州節度經略大使，是爲置節度使官稱之始。景雲二年以賀拔延嗣爲涼州都督，而充河西節度使，於是遂成定制，開元時，因邊寇侵擾無已，乃於四陲要地，置十節度使，委以兵馬大權而經略四方，十節度使爲：

1. 平盧節度使，設於營州（今之內蒙古土默特右翼之地）。旨在鎮撫黑龍江附近諸部落。
2. 范陽節度使，設於幽州（今之北平）。旨在制奚及契丹等族。
3. 河東節度使，設於山西太原。旨在防禦回紇。
4. 朔方節度使，設於靈州（今之寧夏）。旨在防禦回紇。
5. 河西節度使，設於涼州（今之甘肅北部）。旨在防禦回紇及吐蕃。
6. 隴右節度使，設於鄯州（今之青海西寧）。旨在防禦吐蕃。

7. 安西節度使，設於龜玆（天山南路庫車）。旨在鎮制西域諸國。

8. 北庭節度使，設於庭州（天山北路迪化）。旨在鎮制突厥、吐蕃、回紇。

9. 劍南節度使，設於益州（今之四川成都）。旨在防禦吐蕃、苗蠻。

10. 嶺南節度使，設於廣州。旨在鎮壓南海諸國。

天寶之後，因安史之亂，中原連年用兵，宇內震動，乾元元年，遂於各道分置節度使，自此而後，節度使之置遍天下，不僅限於邊陲要地矣。節度使位尊權重，且復兼理採訪使，度支使，營田使等職，各統有州縣，掌握甲兵、土地、財賦之大權，儼然王侯，遂種藩權過重之禍。既可自置文武官吏，復可令子孫世襲其職，是何異於裂土分封，其有由士卒擁立定其去留者，尤爲易啓亂源，而內輕外重之勢既成，驕兵悍將，尾大不掉，朝廷竟不能制，此末代亂世之變制，固未可視爲唐代地方政制之常規，而其實則節度使已爲地方行政之最高長官，而地方政制亦有似於三級制矣。

唐之鄉村制度，爲縣之下有鄉、里二級。以百戶爲一里，里置里正一人，以按比戶口，勸課農桑，稽察奸宄，催課賦稅，爲其職務。五里爲一鄉，鄉置耆老一人，以耆年平謹者，縣補之，亦曰父老。貞觀九年，每鄉置長一人，佐二人。其在城市地區則易坊，在郊外則爲村里及村坊，坊置坊正一人，村置村正一人，以司督察。又以四家為鄰，五家為保，保有長，以相禁約。其組織可謂嚴密。

總之唐代之地方行政系統，縣之上有州，縣之下有鄉、里，至於道或節度使之置，揆其立制之意，所以權宜應變，均非地方政制之常規也。

三、唐代縣制之特色

唐之縣制，多襲隋舊，而隋則遠紹秦漢遺制，復多創建，是縣制之見重，實始於隋，唐承其緒，益恢宏之，故唐之縣制，不僅具有漢制之優點，並有其自身之特點，而非歷代縣制所可及者，玆爲分述如次：

㈠羈縻州縣之設前代所無——嘗論縣之起源，知春秋之世，已有兼人之國而縣之者，然此係同爲周室之諸侯，强弱相併，大小相滅之現象，固未嘗以之對邊地異族，自秦以後，其所征誅撻伐者多矣，而於征服之異族，多存其政制，但使入貢稱臣，朝覲以時爲已足，鮮有以異族之地置郡縣者，有之，當自唐始，蓋唐之開拓邊疆，用力甚勤，聲威之大，遠被四方，拓地之廣，且大於本部，而南方諸小國亦聞風臣服，輸誠來歸，能不以夷狄而賤之，遂升其地面郡縣之，稱之曰羈縻州，下亦置縣，其數雖不詳，而與本部相彷彿，德化廣被，及於蠻夷，國威之盛，曠古未有，是亦唐代縣制之最大特色。

㈡京府之設爲後世以府代郡之始——唐制於縣之行政系統中，縣之上級在羈縻州謂之府州，府卽都督府，府之長官曰都督，州之長官曰刺史；於本部亦謂之府州，府卽京府，其長官曰尹，州之長官曰刺史。故同爲縣之上級長官而有京府之府尹，諸州之刺史，羈縻都督府之都督，羈縻州之刺史等名位；而本部京府之名，實開後世以府代郡之先例，是爲唐代縣行政系統中之一特色。

(三)重視考績，法良意美。考績之政，由來已久。唐虞之世，天子巡狩已有黜陟之跡，周制三載考績，三考黜陟，三歲一小考，是考其功，小考卽爲正職而行事。九歲一大考，亦係考其功，大考則爲黜無職而賞有功。漢以後時行時止，其制詳略不一，不及備述，惟歷代所行考績之法，均不若唐制之美備，其後，宋雖亦有考績之法，終不如唐制之嚴密，蓋有唐之世，考課之法，優良賅密，至足爲後世法也。

(四)行政區劃，大小適中，唐得其最——地方行政區域之劃分，自秦漢以來均以縣數爲其準則，每郡縣數之分配或多或少，常失其均衡，其能注意行政區劃之大小適中者，惟唐而已。顧炎武日知錄卷八云：

「自古郡縣之制，惟唐爲得其中。今考地理志屬縣之數，京兆，河南二府各二十；河中、太原二府各十三，魏州十四；廣州十三；鎭州、桂州各十一；其他雖大無過十縣者。此其大小相維，多寡相等，均安之效，不可見於前事乎？後代之王，猶可取而鏡也。但其中一二縣之郡亦有可並，憲宗元和元年，割屬東川六州，制曰：『分疆設都，蓋資共理，形束壤制，亦在稍均。將懲難以銷萌，在立防而不紊。故賈生之議，以楚益梁；宋氏之規，割荆爲郢。酌於前事，宜有變通。』此雖一時之言，亦經邦制郡之長策也。」

近世於地方行政區域之劃分，大小不一，多寡失衡，有主大省區制者，有主小省區制者，見仁見智，持議紛紜，而小者亦轄縣數十，大者且逾百有四十餘縣，大小相差三數倍，一省之幅員，勝於小國之全土，其易成割據亦勢所使然，欲其不亂，不亦難哉！而唐之地方行政區域，最得其中，所以懲難銷萌，立防不紊，循此而期盛治，蓋有由也。

(五)專設田正，勸課農桑——唐代極重農事，而縣爲直接管理農村之行政機構，故亦極重縣政，其所以重農務本之心，於朝廷疊下勸農之詔，可以見之，而每縣各置田正二人以專其事，尤爲具體積極之措施。如武德六年，詔令有司勸農，謂州縣牧宰，明加勸導，咸使戮力，無或失時。開元二十九年，制天下諸州，委刺史縣令，加意勸課農桑。上元二年正月，詔謂王者設教，務農爲首，敦本勸人，實爲要政，宜令天下刺史縣令各於所部，親勸農桑。九月又詔諸州各置司田參軍一人，主農事，每縣各置田正二人，於當縣揀明嫻田種者充，務勸農課，寶應元年，詔諸州刺史縣令，令設法勸課，令其耕種，不得失時。永泰元年制方春之首，重於東作，除軍興至急，餘一切並停，令百姓專營農事，其逃戶復業，及浮客情願編附者，仰州縣長吏，親就存撫，特矜賦役，全不濟者，量貸種耔，務令安集。元和七年四月，詔農桑切務，衣食所資，所宜勸課，以利於人。諸州有田戶無桑處，每檢一畝，令種桑兩根，勅縣令勾當。唐代勸農之勤，於此可見一斑，而對縣令之考課，亦以勸課農桑爲其進降之主要政績，如每加二分，各進一等，每損一分，降一等。可見特重農事，以固邦本，而建制立法之嚴，實超前代，是亦一特色也。

唐末世衰政弛，良制漸窳，至五代雖沿唐制，實則已不可問矣。

第六章　宋之縣政制度

唐末藩鎮權重，尾大不掉，終至失國，而啓五代割據紛亂之局，實由武人跋扈，干政專權有以致之，宋懲其弊，乃大削地方行政權力，改採中央集權之制，故地方政制至宋大變，然論者以其矯枉過正，致以文臣守邊，宜乎有宋一代之外患頻仍，後之喪權辱國，異族入主，皆肇於此，是政制之未可輕易更張，理可知也。宋制地方行政之高級長官皆由皇帝分命朝臣充之，而縣官亦多以京官幕僚出任。蓋就人事之任用，盡收地方之權而歸於中央。歷來地方分權分治之制，遂不復存，由此一基本精神之改易，縣制更張，勢所必然，而其地位亦不復如唐代之重要，組織旣簡，且多更迭，而名目繁多，無裨實際，前代遺規，漸至廢革，雖有沿襲，無復舊觀矣。

一、宋之縣制

宋制縣之等級，仍襲唐舊，宋太祖建隆元年，制天下諸縣除赤畿外有望緊上中下之等級。京都所治之地謂之赤縣，京之旁邑謂之畿縣，四千戶以上者謂之望縣；三千戶以上者謂之緊縣，二千戶以上者爲上縣；千戶以上者爲中縣；不滿千戶者爲中下縣或五百戶以下者爲下縣。是宋代分縣之等級爲赤、畿、望、緊、上、中、下七等。宋初統一天下時，計共領縣一千三百八十有九。

宋旣採中央集權之制，故於地方行政之高級長官，悉以朝臣充之，而縣官之委用，亦多出於朝官幕職。且於縣令之外，又有所謂知縣事者，簡稱曰知縣，此制唐世已有先例，如裴克諒之權知華縣令是。然其本質固與宋制有別。此所謂知縣者，蓋非縣令而使之知縣中之事，卽以京官而理一縣之政務，故其銜頭常爲某官知某縣事，以示非本縣之正官而任其事，以與縣令之正官有所分別。簡言之，宋之縣官正官曰縣令，以朝官之銜而知其事者，則曰知縣事。是縣令與知縣性質名稱雖異，而其爲一縣之長官，主一縣之政務則一。後之論史者恒以宋代之縣官統稱之爲知縣，而無縣令之名，實緣未加深考，初不知縣令與知縣固有別也。例如大理正奚嶼知館陶縣事；監察御史王佑知魏縣事，屯田員外郎于繼徵知臨清縣事，皆知縣也。而范純仁之爲襄陽縣令，范純禮之爲陵臺縣令；歐陽修之貶爲夷陵縣令，則爲縣之正官固以縣令稱之也。

夷考秦漢之世，亦嘗有縣令與縣長之分別，然與宋制之縣令與知縣大異其旨趣，蓋秦漢乃以大縣之長官爲縣令，小縣之長官爲縣長，而宋乃以差選人爲正式之縣官者曰縣令，以朝官出而主縣政者曰知縣，前者以轄地之大小爲主，後者以人選之身份爲主，於性質上二者迥然有別，未可混爲一談也。

至若宋縣之組織及其官吏之職掌，因受中央集權之影響，亦有芟繁就簡之趨勢，玆請略述於次：

宋制凡縣設縣令或知縣一人爲一縣之長官以主其政，職掌總治民政，勸課農桑，平決獄訟，有德澤禁令則宣佈於轄境，凡戶口、賦役、錢穀、給納之事皆理之，以時造戶版及催理二稅，遇水旱則災傷之訴以分數蠲免，民以水旱流亡則撫存安集之，無使其失業，有孝悌行義，聞於鄉者，具事實申於州，激勸以勵風俗。有兵戎則兼兵馬都監或監押。

宋朝縣之佐吏視前代爲益少，縣之組織亦復益趨簡單，比諸漢唐之世，誠不可同日語、縣中佐吏如丞、尉、主簿等，且少有全設者，或主簿兼丞，或尉兼主簿，其組織之簡陋，可想而知，是皆中央集權，重內輕外之基本政策，有以致之。今試就史料之信而有徵者，一覘宋代縣之組織漸趨鬆弛之跡象；而於一縣長官之差選，視前代亦多遜色也。

建隆三年，始以朝臣爲知縣，其間復用京官或幕職爲之。

朝德元年，詔選朝士分治劇邑，大理正虞嶼知館陶，監察御史王佑知魏，楊應夢知永濟，屯田員外郎于繼徽知臨清。常參官宰縣，即自此始。

天聖間，天下多缺官，而令選尤猥下，貪庸耄懦，爲清流所鄙薄，而久不得調者始爲縣令，時人數言其病民，乃詔吏部爲舉法以重令選。凡知州，轉運使歲舉見任判司，簿，尉，有罪非贓私，有出身三考，無出身四考，堪爲令者一人或二人；自是人重爲令，令選稍精。

慶歷間詔天下知縣，非鞫獄，毋得差。

政和二年，詔縣令以十二事勸課農桑，宜各遵行，上副朝廷。其十二事：一曰敦本業；二曰興地利；三曰戒游手；四曰謹時候；五曰戒苟簡；六曰厚蓄積；七曰備水旱；八曰戒宰牛；九曰置農器；十曰廣栽植；十一曰恤苗戶；十二曰無妄訟。蓋自政和以來，太平盛時，人皆重內輕外，士大夫又皆輕縣令之選，吏部兩選不注者甚多，然後議所以增重激勸之法。

宣和五年，從王敏之請，縣令止差六十以下人。

靖康初，詔初改官必爲縣，未曾實歷知縣者，不許別除差遣。

紹興七年，詔將寺監丞簿等，任滿已改官人，未歷民事者，各與堂除知縣一次，並借緋章服。九年，詔吏部自後縣令專用文臣，蓋因建炎以來差武臣爲害甚衆。然沿邊洞處，仍許武臣指射，邑大事煩，則堂除。

乾道元年，詔京官知縣以二年爲任。二年，詔吏部依四川專法施行以三十個月爲任，蓋從吏部陳之茂之請。三年，詔以三年爲任。九年，從吏部李彥頴之請，復以二年爲任。至淳熙三年，從王師愈之請，復以三年爲任。後雖續有更改，而以三年爲一任，爲其準則。

乾道二年，御筆今後非兩任縣令不除。監察御史初收官人必作令，詔之頒入。十六年，詔知縣在任不成兩考卽不合理爲實歷。

慶元初，詔除殿試上三名省元外呈作邑五年，又令試大理評事已改官未歷縣人並親民一次著爲令。舊捕盜改官人並試邑。自此之後雖宰相子殿試科甲出身者，亦須先爲縣官。

嘉定十二年，詔兩經作令，滿替者實歷。九考有政聲無過犯，舉員及格，改官人特免再作知縣，許受簽判或幹官以當知履歷。

凡此具見於縣令之差選，迭以明詔，多所興革，則知向之不當上意也，而所以補偏救弊者，仍未能宏收標本兼治之效，蓋立制就簡，輔佐失人，縣官亦難多所展布也。如縣丞原爲縣令之貳，而佐縣令處理一切政務，宋初竟不置丞，以主簿兼之，卽其一例也。

天聖中因蘇耆之請，始於開封兩縣各置丞一員，在簿尉之上，於有出身幕職令錄內選充。

皇祐中，詔赤縣丞，並除新收官人。

熙寧四年，編修條例，所言諸路州軍繁劇縣令戶二萬以上，增置縣丞一員，以幕職官或縣令人充任。

元祐元年，詔應因給納常平免役，置丞並行省罷，如委是事務繁劇難以省罷處，令轉運司存留。

崇寧二年，宰臣蔡京言熙寧之初，修水土之政，行市易之法，興山澤之利，皆王政之大，請縣並置丞一員，以掌其事。至是無論縣之大小皆得置丞，使其主管常平坑冶，農田水利等事。

大觀三年，詔昨增置縣丞，內除舊額及萬戶以上縣令委是事務繁冗，雖非萬戶，實有山澤坑冶之利可以興修去處，依舊存留外，餘皆減罷。

紹興三年，以淮東經兵火，權罷縣丞。

嘉定以後，小縣不置丞，以主簿兼之。主簿原爲縣令之屬吏，掌文書簿籍等事，歷來凡縣多有之。宋時小縣常缺，而以尉兼之。然小縣亦有以主簿而兼縣丞者，又有以主簿兼尉者，甚至有以主簿兼知縣事者，更有以縣令兼主簿者，體制既紊，權責難分，是宋之主簿固與前代之縣佐不同矣。

開寶三年，詔諸縣千戶以上置令、簿、尉，四百戶以上置令尉，令知主簿事。

咸平四年，王欽若言川峽縣五千戶以上，請並置簿，其餘仍舊以尉兼，從之。

天禧五年，劍州梓潼等各增主簿。自是之後，川蜀及江南諸縣各增主簿。

皇祐五年，詔南川縣置主簿。

嘉祐五年，婺州義烏、永康、武義、浦江四縣置主簿。

熙寧四年，陝西河東沿邊城寨置主簿，自是之後，凡縣多置主簿。

宋南渡後，置主簿掌出納官物，銷注簿書，凡批銷必親書押。

縣尉自秦至唐皆有之，至五代久廢不置，盜賊鬭競則屬鎮將。宋初始復置之，以掌閱習弓手，緝奸禁暴。凡不置主簿者，尉則兼其事。宋制置尉，每縣有一人者，亦有二人者。

建隆三年，始每縣置尉一員，在主簿之下，奉賜與主簿相同。

至和二年，開封、祥符兩縣各增置一員，因其爲赤縣，故有尉二人。

元豐五年，詔重立法地，縣尉並差使臣。

元祐元年，蘇轍言舊法縣尉皆用選人，近歲並用武臣，自改法以來，未聞盜賊爲之衰息，請復舊法，詔除沿邊依舊外，餘並用選人。

崇寧元年，詔重立法地，縣尉舊差武臣處，並依元豐之法。

宋南渡後，以武臣爲縣尉者多。

凡此可知宋代縣之組織視前代爲簡陋，故於政令之推行，難收指臂之功，宜其地方行政基礎脆弱，難以因應動亂之局，蓋非偶然也。

宋代與縣同屬於州者，尚有城、砦、堡、鎮等，皆與縣同級而未具縣之資格，行政組織尤爲簡單，僅設一長官主其事，外置佐吏一、二人，多亦不過三、五人而已。

二、宋代縣之行政系統

宋代地方政制頗為複雜，名稱既多，時復廢置更革，而區域亦迭有變遷，考其立制，仍襲唐舊行州縣二級制，第名目較多，而內容互異，大別言之，可分府縣、州縣、軍縣、監縣四種，茲請以次詳之：

㈠府縣——縣之上級為府，實源於唐，惟唐代僅赤縣與畿縣之上三京府，以及曾設陪都而先後增置之六府，計共九府而已。至宋則大郡多升為府，亦如唐制，隆重其制，故崇之曰府。如宋太祖以歸德軍節度使創業，升宋州為歸德府；宋太宗以晉王即位，升并州為太原府，宋眞宗以壽王建儲，升壽州為壽春府；宋仁宗以昇王建儲，升建業為江寧府；宋神宗自潁王升儲，升汝陰為順昌府，是皆實例。府之長官於開封府有牧尹，唯不常置，而以權知府事一人，以待制以上充任。亦時有變更，故顧炎武日知錄卷九云：「宋初太宗、眞宗、皆嘗為開封府尹，後無繼者，乃設權知府一人以待制以上充之。崇寧三年，蔡京乞罷權知府置牧尹各一員，牧以皇子領，尹以文臣充。是權知府者，所以避京尹之名也。」於此可知開封府長官立制之沿革。其他諸府各置知府事一人為一府之長官，悉以分命朝臣充任。唐之九府未分等級，而宋以府數已多，遂分府為輔、雄、望、緊、上、中、下七等。

宋之府除領縣外，尚有領軍、監、城、砦、堡、覊縻州等。如開德府除領南樂等七縣外，尚領有德淸軍；眞定府除領平山等九縣外，尙領有天威軍，北砦；中山府除領安喜等七縣外，尙領有軍城砦，北平軍；太原府除領太谷等十縣外，尙領有大通監、永利監；鳳翔府除領天興等九縣外，尙領有司竹監；安慶府除領桐城等五縣外，尙領有同安監；慶遠府除領天河等四縣外，尙領有羈縻州十，曰：溫泉州、環州、鎭寧州、蕃州、金城州、文州、蘭州、安化州、迷昆州、智州，軍一曰懷遠軍，監二曰富仁監、富安監；重慶府除領江津等三縣外，尙領有羈縻州一曰溱州；紹慶府除領彭水及黔江二縣外，尙領有南寧等四十九羈縻州；河中府除領河東等七縣，外尙領有慶成軍；延安府除領甘泉等七縣外，尙領有青澗城、綏德城、威戎城、御謀城、制戎城、塞門砦、平羌砦、平戎砦、殄羌砦、石保砦、開光堡、屈丁堡、丹頭堡、萬安堡、青石崖堡、蘆移堡等。其所轄廣狹不一，與唐之府制大不相同，宋極盛時，建府計三十有八。

(二)州縣——宋沿隋唐之制大抵以州統縣，故縣之上級除稱府、軍、監、者外，其餘皆謂之州。宋初太祖開基，懲於五季之患，遂召諸藩鎭於京師，各賜第以留之，而分命朝臣出守列郡，號之爲權知軍州事，而本官高者謂之曰判，軍謂兵，州謂民政，是卽爲州之長官。權知軍州事，原爲權設之名，後遂爲經常之任官。

乾德元年，始以文臣爲知州事，其後州之長官謂之知州，遂爲定制。宋制凡從官出任知州者，不避本籍，類皆以三年爲一任。

州之等級，於宋一如唐制，仍分為輔州、雄州望州、緊州、上州、中州、下州等七級。

宋代之州除領縣外，亦如府之領有軍、監、城、砦、堡、羈縻州等。如滄州除領南皮等五縣外，尙領有保順軍；麟州除領新泰縣外，上領有太和砦，太和堡；府州除領府谷縣外，尙領有寧川堡，寧邊砦，寧疆城，震威城；豐州僅有永安砦，保寧砦；泰州除領清水等四縣外，尙領有太平監、伏羌城，甘谷城、定西砦、三陽砦、弓門砦、靜戎砦、安遠砦、隴城砦、雞川砦、床穰堡、冶坊堡、達隆堡；雅州除領名山等五縣外，尙領有富馬、金川等四十四羈縻州；黎州除領漢源縣外，尙領有羅岩、明昌等五十四羈縻州；威州除領保寧縣外，尙領有保州及羈州二羈縻州，嘉會砦，通化軍等；瀘州除領江安等三縣外，尙領有南井監、樂共城、九支城、武都城、安遠砦、博望砦、板橋堡、政和堡、綏遠砦、納州等十八羈縻州。

宋代建州，史有可考者計二百五十四州。

㈢軍縣——宋制與唐制不同者，卽縣之上級除府州外，尙有軍、監二者，亦爲地方行政區域之一種，而與府、州同爲一級，惟等次較低，類皆等於下州；故軍無等級之分。其長官謂之知軍事，亦係分命朝臣充任。知軍事與知州事名異而職同，皆爲統縣之長官。惟軍亦有不領縣而祇領有砦、城、堡者；此類砦、城、堡雖無縣之資格，而與縣同級，有如目前之設治局之制相似。

軍領縣者甚少，以領砦、城、堡者爲多，以其究非政制之常規也。如淮陽軍祇領有下邳、宿遷二縣；光化軍祇領有乾德縣；信安軍不領縣而領有周河、刀魚、田家、狼城、佛聖、渦、鹿角七砦，晉寧軍領有定胡、臨泉二縣，神泉、烏龍、通秦、寧河、彌川五砦，三交、通秦、寧河、彌川、靖川五堡；綏德軍不領縣而領有暖泉砦、米脂砦、開光堡、義合砦、懷寧砦、克戎城、臨夏城、綏平砦、靑澗砦、白草砦、順安砦、嗣武砦、龍泉砦、淸邊砦、龍安砦、海末砦、窟兒堡、大厥堡、花佛嶺堡、臨川堡、定遠堡、馬欄堡、中山堡、黑水堡、安定堡、佛堂堡、雙林堡、安塞堡、浮圖堡、柏林堡；邵武軍領縣爲最多者，有邵武、光澤、泰寧、建寧四縣；興化軍領有莆田、仙遊、興化三縣。

軍之地位雖不如州，而其制似較州爲尊重，常有因皇子官其地而改爲軍者；如神宗嘗爲光國公，以光州爲光山軍，哲宗嘗爲均國公，以均州爲富武軍；太宗嘗爲睦州防禦使，而升睦州爲遂昌軍，皆有崇隆其制之意。宋代所設與州同級之軍，其可考者計五十九軍之多。

㈣監縣——監與軍之地位相同，亦爲宋代地方行政區域之一，並爲縣之上級，其長官謂之知監事，職同於知州，由朝廷分命朝臣充任。以其地位相等於下州，故不復有等級之分。領縣尤少，多亦二縣而已，不領縣之監，其所領者多爲鎭。如太寧監祗領有大昌一縣，富順監不領縣，祗領有三十鎭，仙井監領有仁壽，井研二縣，大安一鎭，桂陽監領有平陽、藍山二縣。宋所設與州同級之監，可考者僅太寧、富順、仙井、桂陽等四監而已。是與軍又不可等量齊觀矣。蓋軍與監均非政制之常規，其設置類係因應實際之需要而爲之損益，其轄區之大小初不無一定之劃分準則也。此外，尙有應予注意及之者，即軍與監實有兩種不同處，一為與州同級而領有縣、砦、城、鎭者，如南平軍領有南川縣，隆化縣，溱溪砦，仙井監之領有仁壽縣，井研縣，大安鎭是。一為係與縣同級，而隸於州者，如太平監之隸於秦州，通化軍之隸於威州，是又不可不分也。

綜觀上述各點，可知宋之地方行政制度實爲二級制，府、州、軍、監名稱雖異，而其地位實同，皆爲縣之上級，軍與監雖亦有不領縣者，而領有與縣同級之城、砦、堡、鎭等其與領縣固無異也。

或謂宋制於府州軍監之上尙有路之建制，且各有其區域，以統轄州縣，則宋之地方政制當爲三級制而非二級制矣。此一問題，初視之固無可厚非，然若深究宋制路之本質與其設置之意，則可了然其非地方行政之一級也。

有宋開國之初，原無分區設路之制，至道三年，始將天下分爲十五路。天聖間析爲十八路。元豐時又析爲二十三路。崇寧四年增京畿路。大觀元年，別置黔南路；三年，並黔南入廣西，以廣西黔南爲名；四年，改爲廣南西路。宣和四年，又置燕山府路及雲中府路，於是天下共分爲二十六路：一曰京畿路，二曰京東東路，三曰京東西路，四曰京西南路，五曰京西北路，六曰河北東路，七曰河北西路，八曰河東路，九曰永興路，十曰秦鳳路，十一曰兩浙路，十二曰淮南東路，十三曰淮南西路，十四曰江南東路，十五曰江南西路，十六曰荆南北路，十七曰荆南南路，十八曰福建路，十九曰成都路，二十曰潼川路，二十一曰利州路，二十二曰夔州路，二十三曰廣南東路，二十四曰廣南西路，二十五曰燕山路，二十六曰雲中路。其後時有分合變更，難以盡詳。

路之長官多而複雜，最主要者總名之曰監司，分之則爲帥、漕、憲、倉四使。帥爲安撫使，職掌兵事，漕爲轉運使，職掌財賦；憲爲提刑，職掌司法；倉爲提舉，職掌市舶茶馬等事，四使無須併置，或缺其三，或由一官而兼他官之事，均係由皇帝派出之使臣，而非地方之行政長官，其增置廢衞減，均視事之繁簡而定，事已且罷之。由是論之，宋之路猶唐之道，均爲中央分治之區域，亦爲軍區域，固不能視爲地方行政區域也。

宋代縣以下之鄉村制度，去古益遠，不復見重於時，雖有里正，戶長之設，不過徒供差役，於政教之推行已少關係。至熙寧以後，王安石呂惠卿等遂力主改革更新，剏爲保甲差役之法，復比閭族黨之制；然行之太急，而奉行者又未能盡如立法之意，擾民滋甚，怨嗟繼之，而一時清流反對尤烈，逮舊黨繼起，遂盡廢除，南渡之後設保長、保正等制，專事差役，賤之甚矣。是有宋一代之鄉村制度，頗多更迭，宋初縣以下爲里，里以下爲鄉，有里正、戶長。鄉書手以課督賦稅，又有耆長，弓手壯丁以逐捕盜賊。淳化五年，令天下諸縣以第一等戶爲里正，第二等戶爲戶長。勿得冒名以給役，役之重者，自里正鄉戶爲衙前主典府庫或替運官物，往往深受負累至於蕩產。是宋初之里正、戶長但爲官家辦差役，既無組織可言，亦無關於政教。視漢之三老不可同日語也。及王安石行新法，立保甲制度，熙寧二年，王安石參知政事，卽立保甲之法，其法縣以下爲都保，大保、保等三級。十家爲一保，以保長主之，五十家爲一大保，以大保長主之，十大保爲一都保，以都保正及都保副主之。戶有二丁者以其一爲保丁，保丁中每日輪派五人備盜。後復敎保長以武藝，令其轉敎保丁，此外又復比閭族黨之制，此時之保甲法蓋重武事而復比閭族黨之制則注重政敎，立制良善，惜乎行之未久，卽爲舊黨所廢。南渡之後，以五家相比，五五爲保，十大保爲一都保，有保長，有都保正，保長一年替，保正二年替。保長、保正以充差役爲其職，而無關政敎與宋初無異。故宋代之鄉村制度，除王安石行新法之時，稍有足取者外，宋初與南渡以後，實無鄉治之可言。因之，理學家遂有鄉約之倡。其最著者如呂大鈞之鄉約大綱：一曰德業相勸，二曰過失相規，三曰禮俗相交，四曰患難相恤。所以倡互助，樹道德，俾能化及一鄉，是則純爲社團組織固與縣政不同系統也。

三、宋代縣制之特色

我國地方政制至宋而大變，蓋宋之集權中央政策，使地方政權悉歸中央節制，因之，立法抝制，多異於前代，茲舉其要者，以次述之：

㈠分命朝臣，權知縣事——自春秋時代有縣以來，縣官名目繁多，有縣公、縣宰、縣尹、縣令、縣長等，至秦以後祗有縣令長之別，迨及唐世悉曰縣令，宋則於正選縣官襲稱縣令之外，復多由朝廷分命朝臣權知縣事者，名曰知縣事，後世名縣官曰知縣或知事者蓋從此始。而縣官之保有在朝原官名份者蓋亦前代所無也。

㈡縣之上級，府州而外，另有軍、監——宋制縣之上級府州之外，尚有與之同級之軍監，而軍監之爲地方區域，實爲創制。軍與監之領有縣者與府州同級，間亦有既不領縣且爲與縣同級者，同名而不同級，是又直隸州與屬州之濫觴，視今之省轄市與縣轄市亦大同而小異也。

㈢縣之同級名目繁多——宋制與縣同級之地方政制，尚有城、堡、砦、鎭之分，與縣同級之軍、監，其組織與地位均與縣等而僅異其名，若城、砦、堡、鎭雖與縣爲同級，實未具有縣之資格，故其組織亦較縣爲簡單。其轄區之大小，權責之輕重，固多不同，然均與縣爲同級則一。

㈣保甲制度之搬立，影響深遠——王安石新法中之保甲法，於鄉政之整飭，文事武備，兼而有之，雖行之未久卽被廢除，而其立法之美備，至今言鄉村制度者，猶師法其意，其影響實甚久遠，以宋代之漠視鄉治，乃搬此良制，不可謂非一大特色也。

宋以唐之危亡，起於藩鎮權重，故行中央集權之制，然以矯枉過正，遂致積弱難返，浸至外侮恣凌，異族入主，言地方政制者於此莫不慨嘆太息，而知立制維新，當以不傷國本爲重也。

第七章　遼金元之縣政制度

我國歷史上以北方游牧民族而入主中原者，前有遼金元，後有滿清，其崛起邊疆，武勇善戰，每事南侵，則非安土重遷，習於農業生活之漢民族所能抗禦，然因其文化不如中土，故一切文物典章皆力求漢化，以言政制，大都仿自唐宋而損益之，雖然，以外族而治漢人，凡所施爲，究多不同，茲就遼金元三朝之縣政制度，分述於次：

遼之先世曰契丹，本屬鮮卑之地，世居遼澤，南控黃龍，北帶潢水，冷徑屏右，遼河塹左。曾歸服於隋唐，後乘唐朝衰微，遂起而獨立，其首領阿保機自稱皇帝，是爲遼之太祖，當是時國勢大振，土地幅員數千里，分爲八部，部置刺史，屬縣四十有一，縣置令，至是事簡職專，初無官制之遼國，已漸次接受中土文物之影響，迨遼太宗援後晉之石敬塘而滅後唐，得燕雲十六州之後，其官制乃分爲南北二面，北面官治其游牧之部族屬國，南面官治漢地之州縣，於是採用唐制，分其領土爲五京道，是曰上京、東京、中京、南京、西京，蓋爲中央分治之區域。每道皆轄有府州，府州各領有縣，此外之部族屬國亦分轄之。

金之先世居今之黑龍江附近，乘遼國政亂勢衰，遂取而代之，其首領阿骨打自稱帝，起兵伐遼，攻黃龍府，南取遼陽，進克臨潢，拔中京、又西掠雲中，乃入居庸幷幽冀，還都會寧，建國號曰金，是爲金太祖。至其弟太宗時，盡得遼故地，勢益强大，因之南侵益急，遣將分徇河南州縣，關陝山東以次俱下，尋破宋之國都，長淮以北，悉隸版圖，於是襲宋遼舊制，建五京，置十四總管府，是爲十九路，分鎭其領土，地方政制有府州縣堡城寨鎭等稱，以州分領縣城堡寨鎭，州有防禦州，節鎭州，刺史州之別，是與宋遼之制不同之處。

元之太祖成吉思汗，以絕世英雄崛起而爲蒙古部長，有雄才大略，寬仁得衆，故雖起於朔漠之間，而終能建立偉大帝國，其部衆之强悍善戰，可謂所向無敵，其後併西域，吞西夏，平高麗，定南詔，其勢大盛。太宗六年，滅金得中原州縣，世祖至元十三年，滅宋而入主中華。乃踵遼金故跡，仍都於燕京，元初起時，官制極爲簡單，僅設萬戶以統軍旅，斷事官，達魯花赤以理政刑，任用者不過一二親貴重臣而已。至世祖奠都燕京，始釐定官制，立中書省，統山東西河北之地，謂之腹裏，復置十行中書省於中國本部，鎭撫各地而分治之，而西北荒遠之地則不在內。其地方政制有路府州縣等各以其地方轄於省，元制凡諸官之長，必爲蒙古人而漢人次之，而各級之蒙人官長，悉稱爲達魯花赤，而漢人則以正官之名稱之，如縣官曰縣尹是也。

金元之縣制，繁簡不一，各有異同，當以次論之。

一、遼金元之縣制

甲、縣之等級

㈠遼——遼之南面官制，雖多仿自唐宋，然其見於史籍之記載者，但有縣之組織梗概，而無等級之分，其在北面者均爲部族屬國，而在南面之縣，計共二百有九。

㈡金——金以大興、宛平爲赤縣，於諸京倚郭者爲京縣，二萬五千戶以上者爲劇縣，二萬戶以上者爲次劇縣，萬戶以上者爲上縣，三千戶以上者爲中縣，不滿三千戶者爲下縣。蓋亦以其地位之衝要與轄戶之多寡而分爲赤、京、劇、次劇、上、中、下七等，視遼制細密多矣。金共有縣六百八十三。

㈢元——元制於至元三年，合併江北州縣，定六千戶以上者爲上縣，二千戶以上者爲中縣，不滿二千戶者爲下縣。至元二十年，又定江淮以南三萬戶以上者爲上縣，一萬戶以上者爲中縣，一萬戶以下者爲下縣。前後十餘年間其所定戶數，相去甚遠，然均分縣爲上中下三等則一，元統一中國時，共有一千一百二十七縣。

乙、縣之組織及其官吏之職掌

㈠遼——遼之南面官制，凡縣皆置縣令一人爲一縣之長官，主持全縣政務。縣各置縣丞一人，爲縣令之佐貳，以理縣政。置主簿以掌文書簿籍，出納物官等事（世宗天祿五年，詔縣主簿政事省差注，因是時乃以中書省爲政事省，由其差注，特重視爲親民之官吏。）另置縣尉以主捕盜之事，其人數視縣之大小有差。此外有博士、助教以主文教之事，職司訓導諸生，立制簡要。

㈡金——金制凡縣置縣令一人爲一縣之行政長官，掌教養百姓，按察所部，宣導風化，勸課農桑，平理獄訟，捕除竊盜，禁止游惰，兼管常平倉及通檢推排簿籍，總判縣事。宣示興定元年，行辟舉縣令法，以六事考之，其六事：一曰田野闢；二曰戶口增；三曰賦役平；四曰盜賊息；五曰軍民和；六曰詞訟簡。六事俱備者爲上等，升職一等，兼四事者爲中等，兼一資歷；其次爲下等，減一資歷，否則爲不稱職，罷而降之，平常者依本格。

縣各置縣丞一人，佐理縣政，主簿一人，職同縣丞，不置尉者，以主簿兼理其事。大興、宛平爲赤縣，各設縣尉四人，專司巡捕盜賊事，餘各置尉一人，惟下縣不置尉，其事由主簿兼理。

此外赤縣、京縣、劇縣、上縣均有司吏十人（內有一人以女眞識漢字者充之），公使十人，中縣司吏八人，公使十人。下縣司吏六人，公使十人。

㈢元——元制凡縣置達魯花赤一人，以蒙古人任之，爲一縣之最高權力者而爲一縣之斷事管印官，並監督全縣之官吏。復置縣尹一人，以漢人任之，爲一縣之行政次官而理一縣之政務，一縣而有二長官，是爲前代所無，亦元人入主中原之政治策略。

宛平置縣丞三人，大興及諸上縣各置縣丞一人，均以助尹而理縣政。中縣及下縣皆不置丞，以主簿兼理其事。

宛平設主簿三人，大興設主簿二人，其他諸縣設主簿一人，掌理文書簿籍等事。無丞尉者，並兼其事。

各縣置尉一人，主捕盜之事，唯下縣民少事簡者不置尉，以主簿兼之。別有印典史一人，大興、宛平置典史各三人，諸縣或二人，或一人不等，典文移出納。

凡縣置儒學教諭一人，爲一縣之教育長官，訓導諸生而理學校之事。

綜觀上述，可知遼金元三代之縣政制度，雖繁簡不一，尚能因應國勢發展之實際需要，模倣前代遺制，而自爲損益，足見理政治民之道，初無定則，要須綜覈名實，因民之所利而行之，亦可少過矣。

二、遼金元縣之行政系統

遼金元三代縣之行政系統，以其勢殊俗異，尤多不同，玆請分述如次：

㈠遼——遼之地方行政系統，頗不一律，因係契丹外族入制中國，凡所設施，自有其主客觀條件之依據，勢所使然，非立異也。遼之官制系統有南北面之分，北面官治宮帳，部族屬國之政；南面官治漢人州縣，租稅、軍馬等事。對象不同，所事亦異，以北面官與縣制無關，不復詳及，舉其南面制度之有關縣制者，遼制縣之上級有府、有州。府之長官稱爲知府事如耶律烏魯斯知黃龍府事，楊績知興中府事。京府之長官則曰府尹，尹多以京留守兼之。諸州之長官爲刺史，大約均採唐制，知府、府尹、刺史均爲統縣之長官，而州分上中下三等。是遼之地方行政制度當爲府縣，或州縣二級制，與唐宋之制無大差異，唯遼制州之下又有所謂屬州者，屬州有領縣者，有不領縣而自屬於府、州者，不領縣之州，名州而實縣，與縣同級，而領縣之州亦與縣同屬於府、州，謂其與縣同級固不可，謂其與府、州同級亦不可，其制則稍近於州、屬州、縣之三級制，然此爲特制而非常例，又不可謂遼之地方政制爲三級制也，遼制尚設有五京道，各轄有州縣，頗似地方行政之最高區域，然實爲中央分治之區，而非地方行政區域，至於縣以下之鄉村制度，以史闕無可考，宜從略。

㈡金——金制縣之上級爲府、州。府之長官謂之府尹，州之長官在防禦州謂之防禦使，在節鎭州謂之節度使，在刺史州則曰刺史。府尹、防禦使、節度使、刺史名雖互異，而其爲統縣之長官則一。金制府州均分爲上中下三等，計有府州一百七十有九。

金之地方行政制度亦行府縣或州縣二級制，五京府及十四總管府謂之十九路，路置都總管各轄有州縣，似爲地方行政之最高一級，其實不然，因終係中央之軍衛區而非地方行政區，而都總管乃軍政長官而非民政長官也。至於縣以下之鄉村制度，先行保伍之法，恐人易計構而難覺察，泰和六年，更制以五家爲鄰，五鄰爲保，以相檢察，京府州縣郭下則置坊正，村社則隨戶之衆寡爲鄉，鄉置里正，以按比戶口，催督賦役，勸課農桑，里正以下有主首爲之佐，於以知金制縣以下爲保鄰二級，里正主首是爲鄉官。

㈢元——元之地方行政制度，系統不一，組織複雜，視遼金二代，差異特甚。其制有路、府、州、縣之別，皆沿宋之舊稱。惟縣或隸於州，或隸於府，或隸於路，統屬不一，系統難分，益以縣隸於州者，而州又隸於府或路，縣之隸於府者，而府又隸於路，縣之隸於路者，是直隸於地方最高之一級，其與府、州之關係又不易判分，若謂縣之上有路、府、州三級，而路府州有爲同級者，有爲不同級者，其從屬關係之複雜，系統之繁紊，可謂極矣。考其致此之由，實因元代尚力征，拓地旣廣，撫輯不易，故軍政時期之軍衛區，恒與地方行政區域相混淆，譬若路之一級在宋爲中央分治區，在金純為軍衛區，均非地方行政區域，在元則雖為軍衛區而轄有府州，又直接領縣以兼治民政，是無異地方行政之最高一級，而與之同列者又有府州，其地位遂難確定為地方行政之最高級矣。似此軍政相混之政制，固有其時代背景，要亦地方政制史之特例也。

元代路與縣之系統，大別之可分四種：一曰路縣，路縣有路祗領縣而不領府州者，如興化路祗領莆田、仙遊、興化三縣，又如澂江路祗領邑市縣；有路除領府州外，復直接領縣者，如眞定路除中山府領三縣，趙州領七縣，冀州領五縣，深州領二縣，晉州領四縣及蠡州外，又直接領平山等九縣。此為路直接領縣是為路縣二級制。二曰路州縣，如常德路領龍陽州，而龍陽州領沅江縣，又如廣平路領磁州，威州，而磁州領滏陽、武安、邯鄲、成安四縣，威州領洺水，井陘二縣。是為以路領州，以州領縣之路州縣三級制。三曰路府縣，如晉寧路領河中府，而河中府領河東、萬泉、猗氏、榮河、臨晉、河津六縣。此為以路領府，府領縣，是卽路府縣三級制。四為路府州縣，如上都路領唯寧府，而唯寧府領保安州，蔚州，保安州復領永興縣，蔚州復領靈仙、靈丘、飛狐、定安、廣靈五縣。此為以路領府，府領州、州領縣，是卽路府州縣四級制。凡路無論領有府州與否，多直接領縣。路分上下二等，十萬戶以上者為上路，十萬戶以下者為下路，路設總管府，置達魯花赤，總管各一人為一路之次官。元共有一百八十五路。府有領州縣者，有祗領縣者，亦有不領縣者，置達魯花赤，知府或府尹各一人，為一府之次官，元共有三十有三府。州有領縣者，亦有不領縣者，惟直隸州除領縣外，又領有屬州，如開成州領開成縣又領廣安州卽其實例。屬州有二種，卽領縣與不領縣之分，不領縣者實與縣爲同級，名州而實縣。元分州爲上、中、下三等，至元三年定一萬五千戶以上者爲上州，六千戶以上者爲中州，六千戶以下者爲下州。二十年旣得江南，又定其地五萬戶以上者爲上州，三萬戶以上者爲中州，不及三萬戶者爲下州，凡州置達魯花赤一人，上州置州尹一人，中州及下州置知州一人，爲一州之次官。元共有州三百五十有九。

府州有屬府屬州與直轄府直轄州之別，屬府屬州卽爲下領有縣而上屬於路之行政區域。直轄府、直轄州則不屬於路而與路同級，均隸於行省之行政區域。直隸府直隸州旣與路爲同級，而又與路同隸於省，故亦爲地方行政之最高區域。

綜上所述，可知元代地方政制之繁複，而無一定之系統，大都以路領州，州領縣；或以府領州，州領縣；是旣採行路州縣，府州縣三級制，或係以路領縣，以府領縣，以州領縣之路縣、府縣、州縣二級制。至於路府州縣之四級制，僅係腹地之特例耳。故元之地方政制，實爲兼行三級制與二級制，初不能概括謂之爲三級或二級，惟就一般情形言之，則二級制較爲普遍，是縣以上爲路或府或州，而路府州均隸於所劃分之省，省卽中書省之簡稱。又有所謂行省者，卽爲行中書省之簡稱，中書省、行中書省皆可簡稱之曰省。

行中書省卽中央分設各地之中書省之機關名稱。蓋元代由異族入主中國，幅員廣大，統治未易，時有鞭長莫及之虞，故立一分治之制，除山東西河北等地直隸於中書省謂之腹裏外，復設十行中書省於各地而統路府州以治理政務。其十行省曰：嶺北、遼陽、河南、陝西、四川、甘肅、雲南、浙江、江西、湖廣等，中書省爲中央最高行政機關，猶今之行政院，行中書省則似行政院之分院，故行省原爲中央分設之行政機關，非地方行政機關，其所領之區域爲中央分治區域，而非地方行政區域。行省之長官曰丞相，其下有平章一人，左右丞各一人，參知政事若干人，掌國之庶務，凡錢糧、兵甲、屯糧、漕運、軍國重事，無不領之，與都省相爲表裏，故行省之官吏亦爲中央派出之官吏而非地方行政官吏。故行省非地方行政最高之一級理甚顯然。唯一代制度，行之既久，遂多變質，元之行省制，亦復如此，其後因兵亂頻仍，基於時勢之迫切需要，遂使行省制無形中變爲地方行政之最高區域，儼然似聯邦制之一邦，亦似封建制之一國。凡路府州之事必申於行省，省有政令則布於下，國有大政由中書省箚於行省，行省對於中央，實分治而又分權，與宋之集權集治制適相反。故元之地方政制，其後亦可謂爲省路州縣之四級制，又可謂爲省路縣，省府縣，及省州縣之三級制。而行省爲地方行政最高級之制，蓋始於此。

元制縣以下乃爲村疃制度，其組織凡五十家立一社，擇年高曉農事者一人爲社長，增至五百家，別設長一人，不及五十家者與近村合爲一社，地遠人稀，不能相合，各自爲社者，聽其自由。其合爲社者，仍擇數村之中立社，社長以時勸課農桑，誡飭游蕩，防察姦宄，導人孝悌，是其職責，是元之鄉村制度，僅有社之組織，深得精簡之旨。

三、遼金元三代縣制之特色

遼金元以外族而入主中原，雖處處力倣中華文物制度，然以其尙力征，重武事，於文事治道，猶多體認不足之處，故其政制遂多殊異，勢所必然，未可厚非也。茲舉其特點如次：

㈠遼行州縣二級制，間又行州、屬州、縣三級制，卽於縣上有州，州上又爲州。以州領州，前代所無，實爲遼之創制，後世有所謂直隸州與屬州之分，蓋始於此。

㈡遼之屬州有不領縣者，是名州而實縣，因其與縣同級，故州之長官亦爲直接親民之官，州縣同級，事屬空前，並開後世州官親民之先例。

㈢金制縣之上級同爲州，而有防禦州，節鎭州、與刺史州之別，州官又有防禦使，節度使與刺史之分，此制前所未有，殆合文治與武事於一，實爲金之創制。

㈣元制凡縣除任漢人爲縣尹外，又任蒙人爲達魯花赤在縣尹之上以司政刑，以一縣而有二長官，任用之不專，寧無怨毒，尤以統治者之氣勢凌人處，徒增漢蒙之隔閡，是其不智之甚，而於政制上亦開曠古未有之先例。

㈤元制縣之行政系統，最爲複雜，有路縣、府縣、州縣之二級制，有路府縣，路州縣之三級制，有路府州縣之四級制。複雜而不劃一，蓋因事制宜，不拘一定之系統，實開地方政制史之特例。

㈥元之設行省原爲中央分治機關，後爲事實需要而變爲地方行政之最高區域，由是省爲地方行政最高級之制度，自此確立，沿襲至今，其於幅員廣大之國家，此制蓋有其優點也。

㈦鄉社制度見於政令而普遍推行，此於一遊牧民族入主中國，乃能承受先儒之政治思想，而建立條劃精密，切合實際之鄉村制度，度越前代，實爲難能可貴，蓋鄉社制度，起源於宋之鄉約，是時僅爲部份人士之團結，思有以化導社會民衆之理想而已，而元代之社章創立，使諸儒蘊蓄之理想，見諸政制，良法美意，實開地方自治之先河，今之以合作制度配合鄉治者，殆源於此也。

總之，遼金元三代皆以北方之遊牧民族，崛起稱雄，以至入主中原，其興浡然，而於中華文物典章之吸收，模仿，雖竭其心智，猶難盡得其旨，故凡所設施，瑕瑜互見，亦理之常也。

第八章　明之縣政制度

明之中央政制，遠紹漢唐之舊，而其地方政制，則融宋、遼、金、元四朝之遺規而一之，是其立制迥異前朝，地方政制因之一變。在本部大都以省領府，府領縣爲其準則，並有直隸州、屬州，雜於其間。邊境海疆之區，常有不設民政機構，乃以軍事機關行都指揮使，可兼領民政之事務。行都指揮使司常領有州縣及長官司外，復領有衞所等，亦係以軍事機關而兼牧民者。府州亦常領有長官司，而布政司亦有直接領長官司者，長官司以係特爲治蠻夷而設之制，故其隸屬至爲不一，要亦因應形勢之所需，未可視爲常制也。此外尚有羈縻府，羈縻州，宣撫司、安撫司等名稱。且有領長官司者，有不領者，系統亦不一致。故明代之地方政制，其複雜固不遜於宋元也。茲敍其梗概如次，以見一斑。

一、明之縣制

明制定縣爲三等，糧十萬石以下者爲上縣，六萬石以下者爲中縣，三萬石以下者爲下縣。縣分三等，前代有之，唯多以戶口之多寡，或轄區之廣狹爲分等之準則，此則以糧賦之多寡爲其標準，是其不同處，亦其進步處，蓋地廣者未必人稠，人衆者未必財富，然若旣庶且富，宜爲首善之區，以是分等，則更符合經濟與政治並重之意義矣。計明代有縣一千一百七十有一。

縣之長官曰知縣，蓋沿用宋制知縣事之簡稱。惟宋之知縣事乃以京官出任，使知縣事，故曰知縣，原爲權設之名，非爲正官，而明則以理縣政之正官，謂之知縣，遂成爲經常之任官，由是縣令，縣尹等名稱，於中國政制史上遂不復見，訛舛之名，沿用數百年，至今名爲縣長，始復其正，亦異事也。知縣掌一縣之政務，凡賦役，歲會、實征、十年造黃（人口册），以丁產爲差，賦有金穀布帛及諸貨之賦，役有力役、雇役、及借債不時之役，皆視天時休處，地利豐耗，人力貧富，時爲調劑而均節之。歲大歉則請於府及省蠲免之。凡養老、祀神、貢士、讀法、表善良、恤貧乏、稽保甲、嚴緝捕、聽獄訟、皆躬親厥職而勤愼以赴焉。凡山海澤藪之產，足以資國用者，則按籍而致貢焉。是其職司之繁重，於國計民生，休戚相關，憂樂與共，是誠厚膺民社，功在國家矣。洪武十七年，定府州縣條例八事，頒示天下，永爲遵守，其時天下府州縣官之廉能正直者，必遣人齎敕往勞，增秩賜金，優禮有加，仁宣之際，尙復如此，英憲以下，遂以疏忘，自後益形重內輕外，此風竟絕，無復遺響矣。

明制縣丞之設，未有定則，大抵不及二千戶者省設，二千戶以上者設縣丞一員，佐理縣政，職掌糧馬水利等事。成化九年，於蘇松常鎭湖州五府各縣，添設勸農縣丞各一員，旋復於北直隸，江西、湖廣、河南等省屬縣，添設縣丞各一員，專理勸農之務，以縣丞而專理勸農之事，是其特制，亦可知明代於重農務本特爲重視。

縣設主簿一至二員，職司巡捕及勾稽出納等事。

典史爲知縣之屬吏，明制無縣尉，凡縣置典史一員，典文移出納，贊理縣政，如無縣丞主簿之縣，則由典史兼領其事。於以知典史固一縣主要之佐吏。

縣之儒學長官爲教諭，縣各一員，總管學事，遵奉臥碑及提調學校人員，教訓生徒，務令學習禮義廉恥，孝悌忠信，肄習課業，講論經史等事，遇廩增員缺，具由申於提調官定奪，遇考則開具各生名冊送考，凡學倉糧食及器具、書籍等項皆歸掌理，各立卷簿而塡交納，凡此皆其職司，亦云繁矣。故置訓導一至二員，以佐教諭。

此外，凡縣有陰陽學訓術一員，醫學訓科一員，儒會司儒會一員，道會司道會一員，各掌其事，此等人員皆爲義務職，以非正職，祿不與焉。

縣屬之中，各以時地事務之所宜而設置者，尙有於縣之關津要害處所，設巡檢司之巡檢，主緝捕等事，有驛丞掌郵傳迎送等事，有稅課司之大使專典稅務，有河泊所掌收魚稅事，有閘官壩官掌閘壩啓閉事，有倉庫司之倉大使、副使、及庫大使、副使等分領其事，此類雜職人員，各縣有無多寡不同，蓋皆視其實際需要而權宜設置也。

二、明縣之行政系統

我國地方行政系統，自秦漢行郡縣制爲一大變，至魏、晉行州郡縣制又爲一變，至隋、唐行州縣制是又一變，及宋行府縣制又爲一變，至明行省府縣制亦爲一變，而其遞變之趨勢，或由簡趨繁，或由繁趨簡，迨視當時之實際需要而更迭，然明承宋元之後因革去取之結果，視宋元兩代之繁複雖稍簡，而立制仍難劃一，則亦格於形勢所限也。唐宋之府與州，名雖異而實同，遼、元之直隸州，亦因府，稱名有異而已，至明府與州，實異其趣，凡設州者，不問其領縣與否，皆省入倚郭之縣，爲其直接治民之地。

明制以省爲地方行政最高區域。洪武初沿元舊制，置行中書省，至九年六月之後，卽盡革行中書省之制，於各省分置十三承宣布政使司，分領天下府州縣及羈縻諸地。其十三布政使司爲：山東、山西、河南、陝西、四川、湖廣、浙江、江西、福建、廣西、廣東、雲南、貴州；京師所轄地曰直隸。每省之承宣布政使司，以承宣布政使主之，爲一省之行政長官，亦卽地方之最高行政長官。每省另設有提刑按察使司，以提刑按察使主之，爲一省之最高司法長官，又設都指揮使司，以都指揮使主之，爲一省之最高軍事長官。行政、司法、軍事三者分立，卽所謂三司分立制度，視前之節度使等集大權於一身者迥然有別，蓋權責攸分，易收互爲制衡之效，是明制進步之處。

明之地方行政系統，於省之下分爲府縣與州縣二種，茲略述之如次：

㈠府縣——縣之上級爲府者謂之府縣，而府卽由元代諸路所改置。京府置府尹一員，諸府置知府一員，爲一府之長官，以掌一府之政務。府有於領縣之外，復領有州者，州有領縣或不領縣者，如襄陽府除領宜城等縣，復領州曰均州；又如青州府除領益都等縣，復領莒州，州又領沂水、日照二縣。襄陽府之領均州，與領縣無異，因州與縣同級，名州而實縣。青州府之領莒州，而莒州又領沂水、日照二縣，似此則莒州居於府縣之間而自成一級，然似是而實非，蓋因此種屬州，雖有領縣之名，而無領縣之實，殆爲府縣之間一虛級機構也，故顧炎武日知錄卷八有謂：

「隸府之州，特異其名，而親理民事，與縣尹無異。縣之隸於州者，則既帶府名，又帶州名，而其實未嘗管攝於州；惟到任繳憑，必由州轉府，尚有餼羊之意。」

觀此、可知雖有領縣之屬州，徒有其名，實則與縣無異，故未能視同府縣間之實級，其所以存而未廢者，蓋亦其有事務承轉便捷之利歟，抑因府轄較廣，特多此一層監督之關係耳。

洪武六年八月壬辰，分天下府為上、中、下三等。即以糧二十萬石以上者為上府，二十萬石以下者為中府，十萬石以下者為下府。計分天下為一百五十九府，中有覊縻府十九。

㈡州縣——以州統縣者謂之州縣，而州不屬於府，乃直隸於省者，是之謂直隸州。州置知州一員，為一州之長官，掌一州政務。直隸州除領縣外，亦直接治倚郭之縣而親理民事，如四川嘉定州，以州治龍遊縣省入為直接治民之地外，復領峨眉、夾江、洪雅、犍為、榮、威遠等六縣是。直隸州又有不領縣，僅理州治之地者，如陝西靈州，即其實例，唯直隸州以領縣為原則，不領縣者為例外。州有二等，直隸州與府同，屬州與縣同，轄區有大小，權責亦有別也。明代天下有州計二百三十有四，中有覊縻州四十有一。

綜上所述，可知明制之地方政制係採省、府、縣或省、州、縣之三級制，即縣之上為府或州，府州之上為省。

明代之鄉村制度，以十戶為一甲，百十戶為一里，推丁糧多者十戶為之長，餘百戶為十甲。里有里長一人，董一里之事，甲則有甲甯一人董一甲之事。在城曰坊，以坊長主之，近城曰廂，以廂長主之，鄉都則爲里，里編爲冊，冊首總爲一圖，其不能任役者，附十甲後爲畸零，是卽里甲二級之鄉村制度。後改里甲爲保甲，每保統十甲，每甲統十牌，每牌統十戶，保有保長主之，甲有甲長主之，牌有牌頭主之。牌頭由庶民樸直者爲之，保長甲長則必擇士之賢能者爲之，是則爲保、甲、牌三級之鄉村制度矣。

明之里長、坊長、廂長、甲首等職，其主要任務爲編製戶籍，辦理徭役，講讀法令等事。此外又仿元制立社之遺意，復立里社以爲集會與講解政令，曉諭羣衆之場所，立社學共聘教師以爲作育里中子弟之場所，立社倉以儲食糧而備荒年之用，各鄉里尚有里老、耆宿、里胥、耆民、公正、約長等職，里老等多由有司擇民間高年老人，公正可任事者充之，以勸民爲善，勤督農桑及理鄉間之詞訟，若戶婚田宅鬪毆者，則會里胥決之，事涉重者始白於官，若不由里老之處分，而往訴縣官，則謂之越訴。觀此可知明代鄉村制度，頗爲細密健全，其以賢能公正者任其事，尤能收政教合一，樹德輔政之效。

三、明代縣制之特色

明太祖以一平民，與羣雄逐鹿中原，終能光復河山，繼位大統，其雄才大略，固有足多者，以其能知民間疾苦，故於政制之規劃，不僅能守前代遺規，亦能因應實際需要，多所創建，特以地方政制，尤多特色而爲前代所無者，茲舉重要者如次：

㈠以糧賦多寡爲府縣分等標準，實始於明。蓋歷代於縣之等級，其劃分標準除後漢以縣官品秩之高低與隋以閒劇及衝要之地爲等差外，餘多以戶口之多少爲標準，而明則以糧賦之多寡爲標準，蓋深合財政經濟之原則，以係前代所無，宜爲特色之一。

㈡縣官職掌列有讀法實爲便民之舉。曩者法令嚴峻，民多畏之，是以奉行唯謹，然律文苛細，民有不知法而無意觸犯之者，是何異不教而誅，非仁政之道也。明代縣官職司中有讀法一項，即縣鄉佐吏亦有讀法之責，以時講讀法令，曉諭羣衆。便民多矣。誠以國家頒布法令，原以施諸全民，而無知民衆，或以未能深體法令之要旨，而不知深自戒懼，一旦身蹈法網，遂招無妄之災，亦可憫也，故讀法之舉使民知所愼防趨避而得免於刑罰，是誠仁政之基也。

㈢廢縣尉之制，我國自秦漢以還，代有縣尉之設，其間雖曾改縣尉爲縣正，名異而實同。至明始正式廢除縣尉之置，於是千數百年來之縣尉制度，遂絕跡於後世，是亦明代縣制中，縣之組織大異於前代者。

㈣明制縣之組織除正職員吏外，另設陰陽學、醫學、僧會司、道會司等職稱，是明代於縣政之措施外，並已注重醫學、與宗教對人民生活之影響，是亦前代所無，而爲明制之特色也。

㈤地方政制採行省府（州）縣之三級制，省區之設，於以確立，夷考我國自秦漢確定縣制之後，歷代類多於縣上僅有一級，換言之，即地方政制多以二級制爲準，間亦有行三級制者，則係處於動亂危疑之秋，地方行政最高長官，居恒爲擁有兵權之軍閥。明之行省府縣三級制，既非亂時之權宜措於施，亦非偶然之例外，而地方行政最高長官，又非有實力之軍閥，乃爲三司分立中，純粹辦理行政之布政使，我國地方政制中，正式實行三級制實始於明代，而行政、司法、軍事三者之分立，亦始於明，視前之地方長官恒集大權於一身者不同，是亦明制之特色也。

㈥州官親民理政之制於以確立。遼元之世，州官或亦親民理政，惟僅限於少數與縣同級之屬州，一般州官既有領縣，自非親民之官。是州官臨民，固未普遍也。明制凡州官不問有無領縣，不分直隸州與屬州，皆親理民政，職同縣官，至是州官親民，始成定制，是亦特點之一。

㈦鄉吏兼理民間詞訟，獲致法令支持，是亦明制之特色，蓋鄉吏佐縣治理政務，兼及民間詞訟，古雖有之，然迄無強制之約束，明代則明定鄉民詞訟，不由里老之處分，而逕訴於縣官者，謂之越訴，是無異以鄉吏爲初級司法官吏，利在使民得免訟累，事易得平，而民知畏法，誠良制也。

明承宋元遺緒，政制繁雜，而能興革去取，汰短留長，所以規撫黎庶，重整河山，端賴建制維新，凡所設施，均求政令之推行無阻，地方之既庶且富，雖行之未盡美善，而立制初心，實無背治道也。

第九章　清之縣政制度

自金亡於元後，女眞族人銷聲匿跡，淪爲臣虜，遂不爲世人所注視，至明世，有世居寧古塔之愛新覺羅氏突起，復爲漢民族之禍患。明英宗時，此族移居興京，歷百數十年，至明萬歷間，遂併吞附近諸部，以次降服長白山及科爾沁諸部，乃建國號曰後金，其首領努兒哈赤，卽後世所稱之清太祖。努兒哈赤時侵明邊，先後取瀋陽、遼陽等地，遂遷都瀋陽。清太祖死，子太宗立，遣將征朝鮮，兵勝，轉而逼明，時中原民窮財盡，流寇蠭起，明室日益衰微，勢非後金之敵，清太宗時遂破明軍於大凌河，得錦州，乘勝進逼，兵抵山海關，及攻察哈爾得傳國璽，始改後金之國號曰清。時明崇禎九年，卽民元前二百七十六年。清太宗薨，子世祖立，翌年，聞流賊李自成進犯北京，遂命其叔多爾袞領軍圖近取。時明將吳三桂受命禦邊，駐軍近山海關，旋聞李自成陷京師，帝自縊煤山，三桂兵敗降清，不死，引清兵討自成，多爾袞遂以兵入關，逐李自成於陝西，得河北地，並迎清世祖入關，定都於北京。

清廷都燕後，卽分兵定陝西，平李自成，攻揚州，史可法死之，遂渡江陷南京，執明福王於蕪湖，乃令漢人薙髮從滿俗；清廷復遣將入川，平張獻忠，克浙江，走魯王，入福建，執唐王於汀州。順治十六年，清軍入雲南，明桂王走緬甸，清盡得明故地，明社遂屋。雖鄭成功義師在臺，仍奉南明正朔，而清已統一中國，事乃不可爲。

明亡後，清廷君臨中國，文物典章多襲明制，少所更張，地方政制，在中國本部有省、府、廳、州、縣等行政區域，此外又有諸藩部，諸土司等，與明制雖有異同，然所去幾微，惟縣制之異於明者，頗有足述，茲舉其梗概於後：

一、清之縣制

清代縣之等級分劃，於清朝通典，清朝通志，及清朝通考之書中未之詳載，實則仍循明舊，依糧賦之多寡，分縣爲一等、二等、三等各級，惟明以上、中、下爲三等，清則以數字分等，是其不同之處，有清本部十八省，據清朝通典之統計，計共有縣一千二百八十九，各省土司之土縣，尚未計入。清制縣之組織多沿明舊，唯增六房之置，有類於隋唐之六司，員額多寡視糧賦豐嗇與事務繁簡以增損之，茲述其官吏之職掌如次：

㈠知縣　清沿明舊，稱縣官曰知縣，凡縣置知縣一人爲一縣之行政長官，掌一縣之政令，平賦役，聽獄訟，興教化，勵風俗，凡養老、祀神、貢士、讀法、皆躬親厥職而勤理之。授任之初，必先由吏部引見，以簡其才，其在任者，閱俸五年以上始許題陞，三年以上始可題調，蒞任三年，治績卓著者，保題註冊，間有因事引見，書爲存記、特爲同知、知府，以示鼓勵。其有曠職者，督撫劾奏，立從黜退，扶良鋤莠，陞降以公，愼重民政，足見求治之心。

㈡縣丞　清初每縣各置縣丞一至二人，後縣丞以時裁設，並因各縣之升改分併而定其員額，如宛平爲京縣置縣丞二人，大興亦爲京縣，僅置縣丞一人，各省之縣，或置或省，未有定制，大抵蘇、浙、魯、贛、豫等省多置有縣丞，而於雲、貴、桂、晉、甘肅等省之縣，則少有縣丞之設。縣丞爲縣官之佐貳，襄理一縣之政務，與主簿分掌糧馬、征稅、戶籍、巡捕、水利等事，未置縣丞者，其事由典史兼之，凡丞有攢典一人爲之佐。

(三)主簿　淸制縣少設主簿，唯蘇、浙、魯、豫各省之縣間有設之者，其他各省之縣，少有置主簿，其職司與縣丞分掌糧馬、征稅、戶籍、巡捕、水利等事，無置主簿者，其事務則由典史兼之。

(四)典史　凡縣置典史一人，掌監察獄囚，如無丞簿則兼領其事，下有攢典一人爲之佐。

(五)吏房　設典吏一人掌考課、任免、文書、讀法等事。

(六)戶房　設典吏二人掌戶口、田土、錢糧、出納等事。

(七)禮房　設典吏一人掌祭祀、貢士、學校、教化等事。

(八)兵房　設典吏二人掌武選、兵甲、考覈軍實等事。

(九)刑房　設典吏二人掌鞫獄、定刑、督捕盜賊、糺逖奸非等事。

(一〇)工房　設典吏二人掌水利、度量、工藝等事。

(一一)總房　設典吏一人掌縣內一切雜務。

(一二)承發房　設典吏一人掌收發文件等事。

(一三)敎諭　縣置敎諭一人爲一縣之敎育長官，掌敎導諸生及管理學校等事。

㈣訓導　縣設訓導一人或二人爲教諭之佐，無教諭則行其事。

㈤僧會司　僧會一人掌釋教之事。

㈥道會司　道會一人掌道教之事。

㈦陰陽學　訓術一人掌陰陽事。

㈧巡檢　凡縣有關津險隘則置巡檢一人，主緝捕盜賊，盤詰奸僞事。

此外，各縣尙有因事因地而設之驛丞、掌郵傳迎送事，閘官掌啓閉事，稅課大使掌商稅事，河泊所官掌收魚稅事，是爲雜職員司，有無多寡，悉視實際需要而設，初無定制。

二、淸縣之行政系統

淸沿明制，以省爲地方行政之最高區域，分中國本部爲：直隸、山東、山西、河南、江蘇、安徽、江西、浙江、福建、湖北、湖南、陝西、甘肅、四川、廣東、廣西、雲南、貴州等十八省。光緒年間改福建之臺灣府爲臺灣省，改西域天山南北路之地爲新疆省，又改山海關外盛京、興京等地爲奉天，吉林、黑龍江等省，統稱爲東三省。計共有二十三省，後棄臺灣割與日本，終淸之世，僅二十二省。凡省設承宣布政使司，淸初置左右布政使各一人，康熙六年，去左右銜，每省祇設布政使一人。布政使爲一省之最高行政長官，掌一省之政務，司錢穀出納事，十年會戶版，均稅收、登民數、田數以達於戶部。朝廷有德澤，禁令，承流宣布以達於有司。凡諸政務與督撫會議，經畫而行之。省之下有府、州、廳之分，而府之下又有州、廳、縣之別，其制頗為複雜，約而言之，省之下可分為府縣、州縣、廳縣三種：

㈠府縣——省之下以府領縣，於清代極為普遍，是亦地方政制之準則。府之長官於京府謂之府尹，於諸府謂之知府，掌一府之政務，統轄屬縣，宣理風化，平其賦役，聽其獄訟，教養庶民，凡闔府屬吏皆總領而稽覈之。府除領縣外，尚有領州與廳者，如雲南昭通府除領思安、永善二縣外，復領有鎮雄州，大關廳，魯甸廳，又如甘肅、寧夏府除領寧夏、寧朔、平羅、中衛四縣外，復領有靈州，又如湖南辰州府隨領沅陵等四縣外，復領有乾州廳、永綏廳、鳳凰營廳。州之長官稱知州，廳之長官則有同知與通判之分，如乾州廳、大關廳之長官皆稱同知，故亦稱為同知廳，魯甸廳、鳳凰營廳之長官則曰通判，故亦稱為通判廳。知州、同知、通判，所掌皆同於知縣，蓋州廳與縣皆為同級。據清朝通典之統計，本部十八省共有府一百八十有三，府下屬州一百四十有一，府下屬廳三十有五。

㈡州縣——省之下有直隸州與府同級，是即以州領縣而隸於省。州之長官謂之知州，掌直隸州、州之政令，其規制與知府同，唯無倚郭縣，其所治州，即以知州行知縣之事，如福建永春州，以泉州府之永春縣升為直隸州，而以知州親理永春民事，復領德化、大田二縣。據清朝通典之統計，本部十八省計有直隸州六十有五。

㈢廳縣——省之下又有所謂直隸廳，亦與府同級，是即以廳領縣而隸於省。惟直隸廳有領縣者少，不領縣者多，其領縣者如四川敘永廳之領永寧縣，不領縣者如貴州之仁懷廳，雲南之永北廳，江蘇之海門廳等是其實例。設廳之處，多以治土司，故少有領縣者。直隸廳之長官，一如府下之屬廳，有同知與通判之分，如歸化城同知廳與淸水河通判廳卽其實例。同知、通判掌一廳之政令，職同於直隸州之知州，亦兼親民之長官。據淸朝通典之記載，本部十八省計有直隸廳一十有九。

於以可知有淸一代之地方行政制度爲省府縣、省州縣、省廳縣及省府州（廳）之三級制，淮直隸州，直隸廳之數不及府之半，而府下之州廳數目且不及縣之十分之二。州、廳之未普遍於此可知，其設置殆亦因地制宜，以便政令之推行耳，故就常情言，當以省府縣之三級制爲其準則，州廳僅其特例而已。

此外，省與府之間，又有所謂道者，或亦以之視爲地方政制之一級者，又就職官言，各省督撫又自成爲一級，於是遂認淸之地方政制爲五級制矣。是皆不明分治之作用，而以監督分治區域與地方行政區域，混爲一談，致有此誤。蓋淸之督撫，實爲總督與巡撫之簡稱，其制始於明永樂之後，原爲差名而非官名，以朝臣尙書或侍郎等派任之。總督原有總督河工、總督軍務、總督糧秣等名稱，後因用兵之故，常以尙書或侍郎等重臣派任總督軍務而統制各鎭之總兵，可免彼此不相聯絡之缺點。此所謂總督，係以軍務爲其工作對象，初未涉及民政，惟因用兵便利起見，又不得不有指揮文官之權，故又加以都察院右都御史銜，於是地方官吏遂皆受總督之節度與監督矣。至於巡撫原爲某地發生災禍饑饉變亂時，朝廷特派侍郎等要員巡視撫綏而使地方得復安寧之一種特殊任務。此所謂巡撫，其所巡所撫者，只以某地某事爲限，固未及其他政務，惟巡撫與各省之巡按御史，一因多隸於行政各部，一則隸於督察機關之都察院，各爲系統，不便行文，故又加巡撫以都察院右副御史銜，於是巡撫遂有監督地方官吏之權，而巡按御史，布政使，巡按使等無形中均受其指揮矣，有時災禍之後，繼以變亂，盜匪流賊，猖獗闖擾，亂勢既成，則非撫慰所能收效，勢須用兵鎮壓，剿撫兼施，始克有功，朝廷既已派有巡撫，故不另派總督軍務人員，即以巡撫兼提督軍務，於是巡撫又成爲兼管地方文武官吏之大員矣。督撫制度終明之世，皆爲差名而非官名，其頭銜如總督陝甘軍務，巡撫浙江，其所總所巡者，並非以一省或數省爲其轄區，僅以當時發生特殊事態之範圍爲限，故係因時因地因事而設之職務，本非常設之職官也。時至有清一代，督撫遂成爲常任之官，且逐漸以省爲其管轄之區域，於一省或數省置總督一人，例兼右都御史銜，其應否兼兵部尚書銜，由吏部請旨定奪。總督掌治軍民，統轄文武，考覈官吏，修飭封疆，爲一方保障，無設巡撫之省分，且兼理其事，是眞方面大員也。每省置巡撫一人，例兼右副都御史，其應否兼兵部侍郎銜，由吏部請旨定奪。巡撫職司宣布德意，撫綏黎庶，安境齊民，修明政刑，興革利弊，考察布按諸道及府州縣官吏之稱職與否，會總督以舉劾而黜陟之，用兵時則督理糧餉，三歲大比，則爲監臨，合省之秀士升於禮部，於一省之文職無所不統，不設巡撫者，其職務以總督兼之。淸初之時，亦有巡按而兼總督職務者，而其名曰提督。督撫制度於明純爲差名，至淸一變而爲常設之官名，其權責之重，職司之廣，與元代行中書省、行御史台、行樞密院諸長官皆甚相似。都御史爲中央監察之官吏，尙書、侍郎爲中央行政之官吏，而督撫例兼都御史，又有兼尙書、侍郎者，其爲中央派出監察分治各地之官吏，而非純粹地方行政之長官，至爲明顯，督撫未能自成爲地方行政之一級，理亦甚明，且督撫與中央官吏無統屬關係，兩者皆受命於皇帝，遇有互相爭執之時，則以敕決之，由此亦可窺見其非爲純粹之地方行政長官也。

省之下有所謂道者，道之爲監督分治區域，其制遠自元代始，元共有廿二道，每道皆置肅政廉訪使，除八道隸御史台外，江南十道則隸於江南行台，陝西四道則隸於陝西行台。至明時道之名目繁多，有督糧道、督册道、分守道、兵備道，提督學道、清軍道、驛傳道、鹽法道、屯田道、管河道、水利道、撫民道、分巡道、儲糧道等；最常見者爲分守道與分巡道，分守道於十三省內計有六十三，分巡道總計六十有四。分守之意，卽布政使司以布政副使及左右參政，參議爲道之長官，而分守諸道掌理民政之事務；分巡之意卽按察使司以按察副使及僉事爲道之長官而分巡諸道專掌刑名之職務。故道在明亦爲省之分治區域，但非固定其區域，僅爲布按兩使司之佐貳而已。清初道之繁雜，一如明制。乾隆十八年，始省去參政、參議、副使、僉事等銜，定爲守巡各道，本部十八省計有八十一道。各道職司風憲，綜覈官吏，勸課農桑，廉察政治，以佐布按，而爲督撫布敎令，以率所屬。由此可知道爲省之分治區域，固未可視爲省與府之間自成爲一級者也。

清代縣以下之鄉村制度，其組織亦係採行保甲制度，順治元年，令天下城鄉十戶立一牌頭，十牌立一甲頭，十甲立一保長，戶給印牌，書其姓名，丁口出則注其所往，入則稽其所來。凡遇盜賊逃人奸宄竊發事件，鄰右卽報知牌頭，牌頭報告甲頭，甲頭報知保長，保長報知州縣，如有不報者，俱以罪論，是爲保甲牌之三級制，其間亦有行里甲或圖甲制度者，但非其常則。

總之，有清一代縣之行政系統，縣之上爲府、府之上爲省，縣以下爲保，保以下爲甲，甲以下爲牌，要皆沿襲前代遺規，增減損益，各取其當，去古既遠，更張遂少，故其特點可得而敍者，亦僅以數字示縣之等級，如一等縣、二等縣、三等縣、與前代之以上、中、下分等級者不同，此其一。於府州縣等名稱之外，並以廳爲地方行政區域之名稱，亦爲前代所無。此其二。除此之外，類皆沿襲明舊，無所更迭，特點既少，茲不另列專節論之。清代鼎革以後，國體既變，政制大異，牽涉既廣，宜當另有專書，詳爲論列也。

第十章　縣與其他政制之關係

自秦一天下，而郡縣之制備，至是中國政治制度，始有中央與地方之明確區分。蓋先秦之世，封建盛行，王室裂土分封，其與諸侯國間，雖有中央與地方之形，而無其實，諸侯對王室之責任，昇平之際，以時朝覲，貢其方物，國有變亂，則奉命征誅，戮力勤王，封國庶事，悉聽自決，故與郡縣制之與王室有統屬關係，而爲中央執行政務者迥然不同也。是以自秦劃一郡縣制度後，我國之政治組織除最高之中央政府外，其餘分佈宇內而爲中央政府辦理政務之機關，皆謂之地方政府。其制代有更迭，如秦漢之地方組織系統爲郡縣二級制，魏晉南北朝之組織系統爲州、郡、縣三級制，隋唐之組織系統爲州縣二級制，宋及遼金之組織系統爲府縣二級制，元之組織系統爲路縣及府縣二級制，或爲路、州、縣三級制，明清之組織系統爲省、府、縣三級制。準此，自秦至清，歷代地方行政組織系統無論其爲三級制抑二級制，總以縣爲初級之政治區域，地方政制雖有更迭，所變者均爲縣之上級，而縣始終爲政治組織之基本單位。於此可見縣於政制史上固有其重要之地位。非特此也，歷代對京畿之所在，無不視爲重地，如秦之內史，漢之三輔，晉之司州，隋唐之京兆，元之腹裏，明清之直隸，顧名思義，均較一般地方政府爲重要，其名稱制度區轄員額等亦均稍有殊異，惟其基本之政治單位則皆以縣爲初級之政治區域。若再就縣之分布數目觀之，尤可見縣之重要地位，秦縣之可考者數約三百餘縣，漢有縣一千五百八十七，晉有縣一千二百二十九，隋有縣一千二百五十五，唐有縣一千五百七十三，宋有縣一千二百三十四，元有縣一千一百二十七，明有縣一千一百七十一，淸於本部十八省有縣一千二百八十九，由此觀之，二千餘年中，國家統一鼎盛之秋，擁有縣數悉達千數百縣之多，其分布之廣，遍及宇內，以其爲政治組織之單位，故於政制史上之地位，實爲政治組織之基礎，若縣之組織健全，則基礎穩固，國家之富强亦可期矣，古今治道，初無二轍， 國父之以縣爲地方自治單位，自有其歷史背景，殆以地方政治之重心在縣，其地位之重要視前代爲尤甚，吾人欲建立正金字塔之政治組織，勢須從健全縣制着手也。

我國歷代縣制，初不僅在政治組織上，有其重要之地位，其於司法制度，財務行政，及農政之實施，均具有重要之功能，茲請分述其厓略如次：

一、縣與司法制度之關係

我國歷代之司法制度，雖未有絕對獨立之超然地位，然與一般行政，自亦另有系統，不相混淆，其於中央，則設有專官以主其事，如秦漢之廷尉，隋唐之大理寺、御史台、刑部等官，於地方亦有設置專官者，如宋及遼金之提點刑獄等官，明淸之提刑按察使，皆爲專掌司法之官，惟至郡縣，則大都以行政機關兼掌司法，似有行政與司法合一之勢，實則不然，蓋各有其系統，雖可兼理，究屬不可混同，惟縣與司法制度關係之密切，則爲不爭之論也。

考我國三代之時，司法之官，夏曰大理，殷曰司寇，周曰秋官。春秋時各國類皆有司寇之官，孔子卽曾爲魯司寇可爲明證。此外陳、楚曰司敗、齊曰「士」晉曰「理」，亦皆司法之官。秦設廷尉掌刑獄疑案，漢因之列於九卿，其下置有正、左右監、左右平等官吏。廷尉之下級爲郡守，助其治獄者有決曹、賊曹掾等。郡守之下級卽爲縣令，助其治獄者有辭曹、決曹等。至於魏晉南北朝之一切制度，多因襲兩漢，而司法制度名稱雖略有更改，其內容則不出秦漢之範圍，惟州之刺史，於時爲地方之行政長官，故亦兼理司法之事務。隋唐依北齊之名，改廷尉爲大理寺，與御史台及刑部分掌司法。隋大理寺設有勾檢官及正六人，評事四十八人等分判獄事，刑部有尙書、侍郞等各理司法行政事務，御史台多主檢舉彈劾之事，是偏於糾察司法之責任。唐大理寺設有卿、少卿、正、司直評事等皆掌理審判者，御史台設有大夫、中丞、侍御史、監察御史等則爲司法行政訴訟及檢舉之官員，刑部之設置與職掌多與隋制同。其下級，隋唐皆爲州，州之刺史兼掌察寃滯，聽獄訟，佐刺史治獄者隋有法曹參軍，唐有司法參軍事，尙均有佐史以輔之。州之下級爲縣，縣令兼掌審察寃屈，躬親獄訟，助縣令治獄訟者，隋有法曹，唐爲司法，置佐史五至十五人不等。宋代司法制度，時有變遷，約言之，最高司法機關曰審刑院，刑部職在覆按並理司法行政事務，有御史台，大理寺職在審斷等事，其次級爲州或府，知州或知府及通判總轄境內之折獄及聽訟。最低級爲縣，縣令兼掌平決獄訟，不另設治獄官吏。州縣官必須親自鞫審，實爲宋之創例。而縣令之賢明廉能與否，所關尤大。至於遼金之司法制度，較宋雖頗有異同，而其以縣爲初級法院則一，元代廢大理寺，旣於宗正府設斷事官，又於刑部置獄，實爲行政與司法合一之制。其下級則由各路之廉訪及推官主其事，推官專掌推鞫刑獄，平反寃滯，至於廉訪使祇在監督各路之司法而已。路之下級爲州，州之下級爲縣，州縣官皆須躬理獄訟。明淸司法制度頗多相似，最高機關曰三法司，卽刑部、大理寺、都察院之總稱。其次級爲各省之提刑按察司掌理一省之司法，再次級爲府，知府平一府之獄訟，各設有推官專司刑名作爲佐貳。最下一級卽爲縣，知縣兼治獄，雖有佐貳，無故不許代訊，所以昭愼重也。至於歷代鄉吏亦皆兼理詞訟，但爲調解而非治獄之官，於司法制度上不能成爲一級。

綜觀上述，我國司法制度大抵由秦漢至隋唐皆爲三級制，由宋至淸爲四級制，第不論歷代之司法制度爲幾級，而皆以縣爲初級之法院。縣之爲初級法院雖與行政混而爲一，然於司法制度上言自是另成系統，而縣於政制史上，其與司法制度關係之密切，不言可喻。

二、縣與財務行政之關係

我國向稱以農立國，工商位卑，是以財政負擔，泰半出於農民，政府主要收入，則係地稅與丁稅，其納稅之主體，自以農民居絕大多數，而農業社會之特徵，卽爲地區廣袤，人口分散，政府既不能遍設稅官於各地，則稅務行政之推行，勢須由地方行政官吏主其事，夷考我國歷代稅制，三代時之五十而貢，七十而助，百畝而徹，雖見載籍，而其詳難稽，秦代享祚日淺，稅制亦難詳考，惟皆取之於農爲主要稅源，則可知也。兩漢以後，歷代稅制，史有明徵，斑斑可考，要皆以地稅及丁稅爲財政之主要收入。地稅謂之田賦，丁稅亦稱戶口稅，至淸初，將丁稅併入田賦，卽丁口隨地起賦不另有稅，是謂地丁。惟地丁之分合，僅爲征收方法之差別，至於征收之對象，則皆以農民爲主體，代代相沿，直至近世工商發達，始稍異其趣，而取財於農，仍爲國家財政之主要途徑也。

縣既兼主賦稅之事，是縣在政制上不但爲一民政機關，並亦爲一財務行政機關，縣令職司牧民，而又兼爲稅官矣。於以見當時縣與財務行政關係之密切，如若縣令廉能淸正，每能體恤民艱，不務苛暴，生民養民之德，宜爲萬家生佛，若遇貪墨之徒爲令長，則民無噍類，不堪魚肉，縣令之選，可不愼哉！

三、縣與農政實施之關係

據傳說我國農業發生於神農氏之作耒耜教耕稼始，唐虞時代農業已頗發達設有專官以主農政，孟子所云，「后稷教民稼穡，樹藝五穀。」即此之謂也。夏禹之時已知辨土宜而異其耕種，禹貢中曾言之，是至禹之世，農業似已大有進步，至周以耕種開國則已完全進入農業社會，史有可考，當無可疑。

我國係「以農立國」，其說由來已久，故政治哲學中，亦多以農事爲重，咸以不如此則不足以養其民而安其國。如洪範之「農用八政」；論語之「足食足兵，民信之矣。」管子之「倉廩實而知禮義，衣食足而知榮辱」，商君書之農戰篇，孟子之「不違農時，穀不可勝食也」，荀子之「足國之道，節用裕民……民裕則民富，民富則田肥以易，田肥以易則出實百倍」，亢倉子之，古先聖王之所以理人者，先務農業」，漢書之「天生初民，食貨爲先，作食貨志」，是皆重農思想之表現，其影響於政治之措施，則爲重農政策，而以農政爲主要政務，先秦之世，行封建制，王室裂土分封，所分者何，土地與農民耳，是以上至天子下至諸侯，卿大夫、士，莫不重農政，至秦統一天下，廢封建，設郡縣，而政治設施，仍以農政爲主，所謂德惟善政，政在養民，以農立國者，必以重農爲其基本政策，固無關於封建與郡縣之分也。

我國歷代朝廷，莫不以勸課農桑爲施政之本，如漢文帝卽位之初以躬耕勸天下，次年且賜天下人民以田租之半，有詔云：

「夫農，天下之本也。其開田籍，朕親率耕，以給宗廟粢盛。」同年九月，又有詔云：

「農，天下之大本也，民所以恃生也，而民或不務本而事末，故生不遂。朕憂其然，故今茲親率羣臣，農以勸之。」

同時又詔皇后親桑，爲天下先。景帝後二年四月，有詔云：

「雕文刻鏤，傷農事者也，錦繡纂組，害女紅者也。農事傷，則飢之本也，女紅害，則寒之原也。夫飢寒並至，而能亡爲非者寡矣！朕親耕，后親桑，以奉宗廟粢盛祭服，爲天下先。不受獻，減大官，省繇賦，欲天下務農蠶，素有蓄積，以備災害。强毋攘弱，衆毋暴寡，老耆以壽終，幼孤得遂長。今歲或不登，民食頗寡，其咎安在？或詐僞爲吏，吏以貨賂爲市，漁奪百姓，侵牟萬民。縣丞，長吏也。奸法與盜盜，甚無謂也。其令二千石，各修其職，不事官職耗亂者，丞相以聞，請其罪。布告天下，使知朕意。」明主仁民之心，躍然紙上矣。又復三年正月，有詔云：

「農，天下之本也。黃金珠玉，飢不可食，寒不可衣，以爲幣用，不識其終始。間歲或不登，意爲末者衆，農民寡也。其令郡國，務勸農桑，益種樹，可得衣食物，吏發民，若取庸采黃金珠玉者，坐臧爲盜，二千石聽者與同罪。」

是皆國有明主，務本重農，以裕民食之旨，其責之於郡縣長吏者，如晉武帝泰始四年，有詔云：

「使四海之內棄末反本，競農務功，能宣奉朕意，令百姓勸事樂業者，其唯郡縣長吏乎？先之勞之，在於不倦，每念其經營職事，亦爲勤矣！其以中左典牧種草馬，賜縣令長相及郡國丞各一區。」

唐武德六年六月，有詔云：

「朕膺圖馭極，廓淸四海，安輯遺民，期於寧濟，勸農務本，蠲其力役，然而邊鄙餘官，向或未除，頃年已來，戎車屢出，所以農功不致，倉廩未登，永念於茲，無忘寤寐……州縣牧宰，明加勸導，或使戮力，無或失時，務從簡靜，以稱朕意」。

上元二年正月，有詔云：

「王者設教，務農爲首，今土膏方起，田事將興，敦本勸人，實爲政要。宜令天下刺史縣令，各於所部，親勸農桑。」

是皆以勸課農桑之事，責之州縣，類此之詔文，歷代多有，舉不勝舉，而乾隆初年之勸農詔，言之尤爲深切著明：

「天下親民之官莫如州縣，州縣之事莫切於勤察民生，而務教養之實政，有事則在縣辦理，無事則巡歷鄉村，所至之處，詢民疾苦，課民農桑，宣布教化，崇本抑末，善良加以獎勵，頑梗者予以威懲。」

又諭總理事務王大臣，有云：

「朕欲驅天下之民，使皆盡力南畝，而其責則在督撫牧令，必身先化導，毋欲速則不達，毋繁擾而滋事，將使逐末者漸少，奢靡者知戒，蓄積者知勸。督撫以此定牧令之短長，朕卽以此定督撫之優劣。」又八年六月壬申諭內閣有云：

「朕惟養民之本，莫要於務農，州縣老成，固應用是爲殿最。」又三十一年嵩縣知縣康基淵開渠灌田，著有成效，所司奏請記功，以昭獎勵，上諭有云：

「州縣爲親民之吏，於地方農田水利等事，果能實心經理，裨益民生，實爲吏治首務……洵屬崇尚實政，留心民事之員，僅予記功，不足以示鼓勵，康基淵着交部議敍。」

嘉慶十九年，上諭內閣亦明示勸農之要云：

「布帛菽粟，其事至恒而所關至鉅，定例考覈吏治，首列勸課農桑，所以責望牧令者，莫要於此。」

是皆明諭以勸農之務，列爲州縣牧令，考功之要項，蓋農政之實施，雖有專官，而負責推行，躬與其事者，則爲親民之縣官，故歷代縣官之職掌中，勸課農桑，實爲其中心要務，自春秋有縣始至今數千年，縣均爲負責實施農政之機關，其良窳成敗，關乎國計民生，縣與農政關係之密切亦可知矣。

本書主要參考書目

尚書	孔穎達疏
作雒篇 逸周書	鄭玄注
周禮	賈公產疏
春秋左傳	杜預注
晏子春秋	晏平仲著
管子	管仲著
戰國策	劉向纂
國語	左丘明著
史記	司馬遷著
杜氏通典	杜佑纂
鄭氏通志	鄭樵撰
文獻通考	馬端臨著
漢書	班固撰
晉書	房玄齡撰

宋書　沈約撰
南史　李延壽撰
北史　李延壽撰
隋書　魏徵撰
舊唐書　劉昫撰
新唐書　歐陽修撰
唐會要　王溥撰
資治通鑑　司馬光撰
宋史　脫脫等修
續資治通鑑　畢沅編
遼史　脫脫等修
金史　脫脫等修
元史　宋濂修
明史　張廷玉修
齊民要術　賈思勰著
農政全書　徐光啓著

清朝通典　清高宗撰
清朝通志　清高宗撰
清朝通考　清高宗撰
日知錄　顧炎武著
飲冰室文集　梁啓超著

中華史地叢書
中國歷代縣制考

1912

作　　者／廖從雲　著
主　　編／劉郁君
美術編輯／鍾　玟

出 版 者／中華書局
發 行 人／張敏君
副總經理／陳又齊
行銷經理／王新君
地　　址／11494 臺北市內湖區舊宗路二段181巷8號5樓
客服專線／02-8797-8396　　　傳　　真／02-8797-8909
網　　址／www.chunghwabook.com.tw
匯款帳號／兆豐國際商業銀行　東內湖分行
067-09-036932　中華書局股份有限公司

法律顧問／安侯法律事務所
製版印刷／維中科技有限公司　海瑞印刷品有限公司
出版日期／2017年3月再版
版本備註／據1969年2月初版復刻重製
定　　價／NTD 290

國家圖書館出版品預行編目（CIP）資料

中國歷代縣制考 / 廖從雲著. -- 再版. -- 臺北市 : 中華書局, 2017.03
面 ; 公分. -- (中華史地叢書)
ISBN 978-986-94064-2-0(平裝)

1.中國政治制度 2.地方政治

575.2　　105022666

NO.G1001
ISBN 978-986-94064-2-0（平裝）